言語聴覚士からの提案

「ことばが遅い子・
心配な子」から

0〜6歳

「ことば」を
引き出す

親子あそび

西村千織 Nishimura Chiori
西村 猛 Nishimura Takeshi

PHP

はじめに

「2歳も過ぎたのに、まだことばが出てこない」「何か言っているよう
だけど、さっぱりわからない」「1歳半健診で、『様子を見ましょう』
と言われたけれど、どんなことを見ていればいいのか不安で」……。

　私たちは、日々このような悩みを抱いていらっしゃる親御さんの発
達相談をオンラインで受けています。ことばやコミュニケーションの
発達に関する国家資格である言語聴覚士の西村千織と、からだや運動
面の発達に関する国家資格である理学療法士の西村猛の2人がそれぞ
れの見地からお話を伺い、お子さんの発達状況や、お家でできる取り
組みなどについて、わかりやすく説明・提案させていただいています。
　たくさんの親御さん、子どもさんと接する中で、強く感じることが
あります。それは「発達への不安がありながらも、『今』という時間を
大切にして、親子でもっと『楽しい時間』を過ごしてほしい」という
ことです。
　なぜなら、「楽しい」という気持ちこそが、子どもの発達の基礎にな
るからです。「楽しい」、そして「心地よい」という感覚が、子どもの
脳を活性化させ、それが心身の成長を活性化させていきます。

　では、子どもが「楽しい」と思えることとは、何でしょうか？
　それは「あそび」です。大好きなママやパパと一緒なら、なおさら
です。
　本書では、100の楽しいあそびを紹介しています。その中には昔な
がらのあそびもあれば、私たちの経験から考案したものもあります。
　一見すると、「こんなあそび、ことばと関係があるの？」「これで本
当にことばが出てくるの？」と思われるものもあるかもしれません。
また、「からだを使ったあそびが、ことばに関係するの？」といった疑
問もあるかもしれません。しかし、本文でも紹介していますが、実は
ことばの育ちを考えるときには、ことばだけを見るのではなく、から

だの育ちもしっかりと観察していくことが必要です。

　そうしたことから、言語聴覚士と理学療法士が、それぞれの得意とするノウハウを持ち寄り、一緒に考えた本書のあそびは、子どもの「ことば」「からだ」「こころ」を総合的に育てるという意味で、まさに理想的なものと言っても過言ではありません。

　本書で紹介するあそびは、巻頭から巻末に向かって、おおよそ０歳から６歳までの順で並べていますが、「ここからここまでが○歳」といった明確な年齢区分や、実施にあたっての厳格なルールを設けていません。なぜなら、あそびの効果という視点で考えると、どのあそびもすべての年齢において効果的だと考えているからです。
　反対に、「このあそびは難しいかな？」「少し苦手かな？」ということが感じられたら、「感覚統合」の要素（視覚・聴覚・触覚・前庭覚・固有覚）を活性化させる、低年齢向けのあそび（おおむね前半部分）に立ち戻って、お子さんと一緒に楽しんでみてください。

　あそびの中でじっくり見ていただきたいのは、お子さんの表情です。
　どんなことが好きで、何に興味があるのか。楽しいと感じたときにはどんな表現をするのか。それらをじっくりと観察していると、お子さんが何を求めているのかも見えてくるでしょうし、漠然としていた「困り感」が、「これが苦手なんだな」「ここに困っていたのか」というように具体的に理解できるようになるはずです。また、そうした「わが子を理解していくプロセス」を、ママ・パパご自身も、ぜひ楽しんでみてください。

　お子さんとの毎日が笑顔でいっぱいになったとき、みなさんの胸の中の不安はすっかり小さくなり、お子さんの可能性を探す喜びに満ちあふれていることでしょう。

西村千織　　西村 猛

3

0～6歳　言語聴覚士が考案
「ことばが遅い子・心配な子」から「ことば」を引き出す親子あそび

目 次

本書の見方・使い方

本書では、子どもの「ことば」と「からだ」、そして「こころ」を育む親子あそびを紹介しています。巻頭から巻末に向かって、おおよそ０歳から６歳までの順で並べていますが、明確な年齢区分や、実施にあたっての厳格なルールは設けていません。それぞれの家庭で行ないやすいように創意工夫を加えて、家族全員で楽しんでください。

あそびの概要やあそびによって期待できる効果、ちょっとしたアレンジのアドバイスなどを記しています。

あそびの場面を記しています。あそび方の理解を助けます。

あそび方を記しています。厳密なルールではありませんので、行ないやすいよう、子どもが楽しめるようにアレンジしてください。

あそびによって育まれる感覚や能力を記しています。子どもの苦手な部分や強化したい要素にアプローチするための参考にしてください。

➡ 直接的に育まれる感覚や能力

➡ 間接的に育まれる感覚や能力

⇨ 上記に加えて付随的に育まれる感覚や能力

（中央の見本ページ）

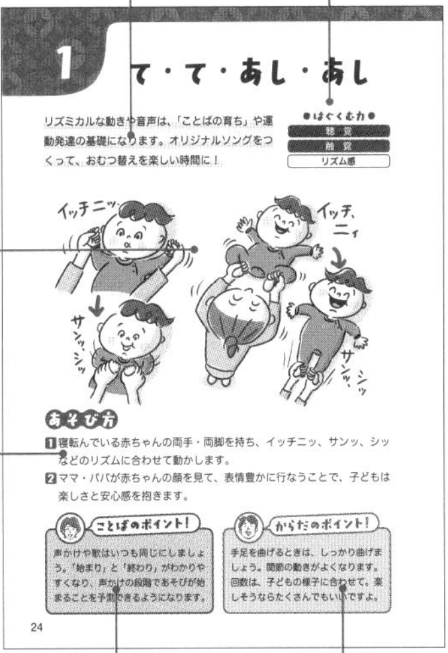

1 て・て・あし・あし

リズミカルな動きや音声は、「ことばの育ち」や運動発達の基礎になります。オリジナルソングをつくって、おむつ替えを楽しい時間に！

●はぐくむ力●
聴覚
触覚
リズム感

イッチニッ
サンッ、シッ

イッチ、ニィ
サンッ、シッ

あそび方
1 寝転んでいる赤ちゃんの両手・両脚を持ち、イッチニッ、サンッ、シッなどのリズムに合わせて動かします。
2 ママ・パパが赤ちゃんの顔を見て、表情豊かに行なうことで、子どもは楽しさと安心感を抱きます。

ことばのポイント！
声かけや歌はいつも同じにしましょう。「始まり」と「終わり」がわかりやすくなり、声かけの前後であそびが始まることを予想できるようになります。

からだのポイント！
手足を曲げるときは、しっかり曲げましょう。関節の動きがよくなります。回数は、子どもの様子に合わせて、楽しそうならたくさんでもいいですよ。

24

言語聴覚士の見地から、あそびの効能などを記しています。子どもとの関わりの中で、ときおり意識してみてください。

理学療法士の見地から、あそびの効能などを記しています。「ことばのポイント」同様、子どもとの関わりの中で、ときおり意識してみてください。

子どもの「ことば」の発達

● 指標ではなく、順序を知っておけば充分です

　赤ちゃんが生まれると、3〜4カ月で首が座る、6カ月頃には寝返りを打つ。その後、お座り、ずりばい、はいはい……などを経て、多少の個人差はあるものの、おおむね同じような過程で歩きはじめるようになります。

　それと同様に、「ことばの育ち」にも順序があり、段階的な指標となる月齢や年齢もあるのですが、みなさんに知っておいていただきたいのは、月齢や年齢という段階的な指標よりも、順序です。「ことばの育ち」は、「からだの育ち」よりも個人差が大きいので、月齢や年齢はあくまでも「目安」と考えておけば充分です。

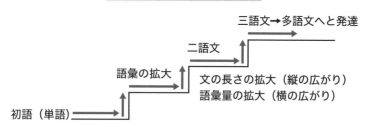

ことばの育ち

三語文→多語文へと発達

二語文

語彙の拡大

文の長さの拡大（縦の広がり）
語彙量の拡大（横の広がり）

初語（単語）

　上図のように、「ことばの育ち」は、階段状に捉えられています。赤ちゃんが初めて発する意味のあることばのことを「初語」と呼びますが、この初語が出るまでの間を「前言語期」と言い、言語以外のコミュニケーションの力を育む時期とされています。

　赤ちゃんは、生まれてすぐの頃からコミュニケーションを始めます。最初の意思表示は、泣くことです。次第に、大好きなママ・パパの顔

が近づいてくるとニッコリと笑うようにもなります。

　生後半年から10カ月を過ぎると、「お話」めいたものが始まります。「アーアー」「マンマン」など、ことばにはならないけれど何かを言おうとしたり（喃語(なんご)）、「ねえ、見て！」と言わんばかりに指差しを始めたりするようになります。

　1歳近くになると、周囲の言っていることが理解できるようになります。「ママ」「マンマ」といった初語が出るのは、ちょうどこの時期です。目安は1歳半頃とされており、1歳半健診でも発語を確認する項目が設定されています。

　初語を皮切りに、子どもの語彙は増えていきますが、50語を超えたあたりで加速度的にさらに増加します。これを「語彙爆発」と呼び、時期としては2歳頃が多いようです。

　語彙が増えると文章で話ができるようになります。最初は「マンマ、食べる」「ワンワン、いた」などの「二語文」から始まり、さらに語彙が増えれば三語文、もっと増えれば多語文……と、語彙の増加と文章の複雑化が関連して行なわれるようになります。4歳頃になると、日常生活レベルの会話ができるようになります。

● 順序を知っておくことで、親に余裕が生まれます

　ことばの育ちの順序を知っておくことのいちばんの利点は、お子さんが「今、（発達の）どのあたりにいるのか」「次はどうなるのか」という「広い視野」と「見通し」を親が持てることです。「ことばの育ち」も「からだの育ち」も、一人ひとりのお子さんのペースに寄り添ってあげるのが大原則ですが、時にはママやパパが次のステージへ導いてあげることもあります。そんなとき、前後の段階を知っていると安心です。

　また、「ウチの子、ちょっと遅れているのかな？」と不安に感じることがあっても、育ちの順序のどこまで戻ってサポートすればよいのか、何が苦手なのか、などの手立てを考えるヒントにもなります。

「ことば」が出てくる3つの要素

● 「伝えたい！」「話したい！」という「意欲」がきっかけに

　ことばを話すには、3つの要素があります。

　一つめは「理解する力」です。何かを話すにしても、ことばの理解とその場の状況の理解がなければ、ことばを発することができません。

　二つめは「伝える力」です。ことば自体や伝え方を知らないと、伝えることができません。

　そして、三つめが「伝えたい」「話したい」という気持ち・意欲です。「ママにこちらを見てほしい！」「パパに抱っこしてほしい！」……そんな想いがことばとなって表出される結果が、「発語」や「会話」という行為なのです。「水風船」に譬えるとわかりやすいと思います。

「①理解する」は、水風船に水を溜めている状態です。周囲にあるものを見たり聞いたりして、たくさんの情報を蓄積していきます。

「②伝える」は、実際に話す行為です。この話す行為のきっかけをつくるのが「③意欲」で、水風船に穴を開けることです。

　水がじわじわと滲み出すように、小さな穴が少しずつ開く子がいれば、パン！ と割れて一気に水が溢れ出すような子もいます。ただし、この違いはあくまでも「個人差」であって、「善し悪し」や「優劣」では決してありません。

水の出方はさまざまです。

● あそびには「水風船に穴をあけるきっかけ」が詰まっています

　大人でも気分が高揚すると、つい声に出して何かを言いたくなるものです。子どもの「ことばの育ち」も、それに近いものがあります。「うれしい！」「できた！」「見て！」「困った！」といった感情や気持

ちの高まり、コミュニケーションへの意欲が、「ことばの水風船」に穴を開ける「針」のような役割を果たします。

　日常生活の中で、そうした「針」のきっかけをたくさんもたらしてくれるのが、「あそび」です。たとえば、3歳くらいの子どもは、高さのあるところから飛び降りるのが大好きですよね。道路を歩きながら、段差を見つけるやいなや、そこへ行ってジャンプ！　上手に跳べたら「できた！」「見て見て、もう1回！」と繰り返し、高すぎて怖ければ「こわい〜」と泣きべそをかきます。

　こうした「やってみたい！」という好奇心、「やってみよう！」とするチャレンジ精神、「できた！」という達成感のサイクルの中で試行錯誤を繰り返し、方法を学習することで、できることが増えていく――それが「あそびの意義」だと、私たちは考えています。

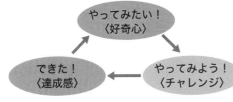

あそびの意義

やってみたい！〈好奇心〉

やってみよう！〈チャレンジ〉

できた！〈達成感〉

このサイクルの中で試行錯誤し、方法を学習することで、「できること」が増えていきます。

　お子さんの「ことばの育ち」に不安を抱いておられるママやパパの中には、「話すようになるには、とにかく語彙力が必要」と言わんばかりに、「これは○○」「あれは△△」と、ものの名前を子どもに教え込もうとする方もあるようですが、単語や固有名詞ばかりを教えるのは、あまりおすすめできません。それだけだと単なる音の羅列になってしまい、何を意味するのかが理解できないからです。

　単語や固有名詞よりも、状況や状態を「実況中継」してあげましょう。先ほどのジャンプの例で言えば、「わあ、跳べたね〜」「高いねえ〜」「ちょっと怖かったねえ」というように、子どもの気持ちを代弁してあげるのです。そうしているうちに、子どもは周辺の状況を含めて「跳ぶ」「高い」「怖い」を理解し、それが高まり深まると、「跳べた！」と自分のことばで表したくなる瞬間がやってきます。

13

「ことばの育ち」の土台に「からだの育ち」

●「感覚統合」が発達の基礎となります

　子どもの発達に関して、「感覚統合」という考え方があります。

　これは、アメリカの作業療法士であるエアーズ（A.J.Ayres）氏が考案したもので、日本の臨床現場には1980年代に導入されました。

　「感覚統合」とは、無意識下で行なわれる脳の働きのひとつです。私たちの脳には常にたくさんの情報が入ってきていますが、その中から「必要な情報」を優位にするために「交通整理」を行なう機能が「感覚統合」であり、主に「からだの育ち」の面で具体化されます。

　たとえば、子どもが教室で授業を受けているとしましょう。

　目には教室のあちこちが映し出されますし、耳には先生の声のほか、周りの子のヒソヒソ話や雑音、隣のクラスの先生の声なども聞こえてくるでしょう。お尻はイスの固さを感じてムズムズしているかもしれません。そんな中で、先生の話す声と板書の文字に集中できるように情報の交通整理をしているのが、感覚統合のはたらきです。

　昨今、「発達障害」についてよく見聞きするようになりました。発達障害には便宜上さまざまな分類がなされていますが、視界に入るものが気になる、体に触れるものに過剰に反応するというような場合は、「感覚統合」に苦手な部分があることが考えられます。

●「育ちのピラミッド」の底辺を意識しましょう

　子どもは、育ちの過程でさまざまな要素を体得して「大人」になり、社会的存在として自立していきます。「感覚統合（＝からだの育ち）」はそうした要素の土台となる部分だと、私たちは考えています。本書で紹介するあそびで、一見「ことばの育ちに役立つの？」と感じられるものがあるかもしれませんが、それは私たちが、「ことばの育ち」のためには、まず「からだの育ち」が大切であると考えているからです。

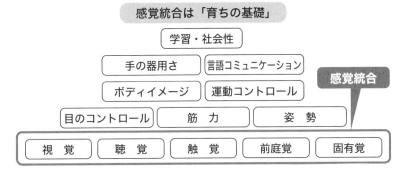

感覚統合は「育ちの基礎」

| 学習・社会性 |
| 手の器用さ ／ 言語コミュニケーション |
| ボディイメージ ／ 運動コントロール |
| 目のコントロール ／ 筋　力 ／ 姿　勢 |
| 視　覚 ／ 聴　覚 ／ 触　覚 ／ 前庭覚 ／ 固有覚 |

感覚統合

　「ことばの育ち（言語コミュニケーション）」は段階別に見ると、比較的高次の発達分野となります。高次の分野のスムーズな発達のためには、下層にあるそれぞれの感覚や動きを充分に経験することが必要です。この「育ちのピラミッド」の底辺にある、「感覚統合」の５つの要素である「視覚」「聴覚」「触覚」「前庭覚」「固有覚」をしっかりと安定させることがまず大切だと、私たちは考えています。

　もし、みなさんがお子さんに対して「ことばの遅れ」を感じていらっしゃる場合、その背景には、「言語コミュニケーション」よりも下の層や底辺の５つの感覚の部分の経験や発達に、少々の不足や偏りがあるのかもしれません。

　実際、「ことばの遅れ」を心配して私たちの元へ相談にお見えになるお子さんで、ことばの練習以前の「目や運動のコントロール」、あるいは「感覚統合」の部分に立ち戻ってサポートしてあげることで、言語コミュニケーションが円滑になったという事例が数多くあります。

15

「ことばの基礎」は「あそび」で育む

● 親子あそびで「満足のコップ」を満たしてあげましょう

「感覚統合」の5つの感覚について、もう少し見ておきましょう。

> **視覚** 目で感じる刺激。色や形を見分ける、視界全体を見る、光を感じる、立体的に見る、遠近を見分けるなど。
>
> **聴覚** 耳で感じる刺激。音を聞く。
>
> **触覚** 肌で感じる刺激。ザラザラ、ツルツルといった触り心地など（体表面で感じる感覚）。
>
> **前庭覚（ぜんていかく）** 耳の奥にある前庭器官で感じる刺激。揺れや回転、スピードなど。平衡感覚（へいこう）とも言う。
>
> **固有覚（こゆうかく）** 筋肉や関節で感じる刺激。目で見なくても体がどうなっているかわかるボディイメージ、力加減、運動コントロールなど。深部感覚とも言う。

「ことばの育ち（言語コミュニケーション）」を含む心身の円滑な発達のためには、この5つの感覚を、①充分に満たしながら、②（5つの中で）大きな偏りができないようできるだけバランスよく、経験させてあげることが大切です。

　子どもは一時期、同じ動きをしたがります。たとえば、ブランコは主に前庭覚を刺激するあそびですが、来る日も来る日も公園に行けばブランコばかり。親のほうが飽きてしまって、すべり台や砂場に連れて行ってみても、すぐに「ブランコ！」と戻って行ってしまう……という経験をお持ちの親御さんも多いことでしょう。

　こうした場合、子どもは「揺れる感覚（前庭覚）」をたっぷりと経験

したい時期なのです。子どもは好きな感覚に出合うと、延々と繰り返します。コップに水を溜めるように、満足するまで同じ刺激を体に入れ続けるのです。そして、コップがいっぱいになったら（充分に満足したら）、次に移ります。ですから、子どもが楽しんでいるあそびは、本人がやめるまでやらせてあげるのがいちばんです。

満足のコップは、1日のあそびで満たされることもあるでしょうし、数日から数週間、あるいは数カ月かけて満たされることもあります。同じ感覚を求め続ける期間は子どもによって違いますが、それは、水（＝感覚の刺激）を勢いよく入れる（敏感に感じ取れる）子と、少しずつ入れる（刺激に鈍感である）子の違いであって、善し悪しでも優劣でもありません。いずれにせよ、コップがいっぱいになれば子どもは満足し、次のあそび（感覚）に移ります。

● 楽しみながら体を存分に動かすことで発達が促されます

では、5つの感覚を「大きな偏りがないように」育てるには、どうすればよいのでしょうか？

たとえば、揺れるあそびが苦手なお子さんの場合、毎日ブランコの特訓をすれば、よいのでしょうか。いいえ、そうではありません。

子ども自身が「いやだ」「怖い」と思っているブランコに何度も乗せるのは、子どもにとっては苦痛でしかなく、満足のコップが充足されることはありません。

では、どのようにして「揺れる」という感覚を経験させてあげればよいのでしょうか？

ここで大切になってくるのが、「あそび」です。あそびの中には、さまざまな感覚が詰まっています。たとえば一見、揺れることには関連がなさそうなおにごっこでも、前庭覚はしっかりと刺激されます。

子どもが楽しいと思うあそびの中であれば、満足のコップに感覚のお水はしっかりと溜まっていきます。

子どもの健やかな発達のためには、「楽しみながら体を動かすこと」が、いちばん大切な方法なのです。

「ことば」を引き出すポイント

● 「ことば」には「からだ」とともに「こころ」が密接に関わっています

人間の脳の発達は生涯に渡って続くと言われていますが、特に乳幼児期においては、「からだ」と「こころ」を含めた「全身の発達」の中で、「ことばの育ち」を考えていくことが大切です。

具体的に心がけたいポイントは、次の5つです。

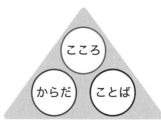

子どもの発達における3つの要素

こころ
からだ　ことば

① 生活の中で「わかること」を増やす。
② 「真似する力」をつける。
③ 「からだを使ったあそび」でことばを育む。
④ 「話したい！」という気持ちを育む。
⑤ 「共感する」「受け止める」で子どもの自己肯定感を育む。

①生活の中で「わかること」を増やす

ことばが出る前にまず、ことばと状況を理解することが必要だと説明しました（12ページ）。ですから、日常生活の中で子どもがことばと状況の理解を深めるシーンを、多くつくりましょう。そのためには、「子どもにわかることばで話すこと」が大切です。

たとえば、「手を洗おうね」と伝えたとき。子どもが「洗う」ということばを知らなければ、何度言われても理解できません。そこで、「わかることば」に言い換えます。「お手て、キレイキレイしよう」と言ってみたり、手を洗うジェスチャーを付け加えたり……。そうしている

うちに、子どもは「ああ、これが『洗う』なのか」と理解します。わかることばが増えてくれば、やがて発語につながっていきます。

「わかることを増やす」というのは、「正しいことばを教える」ということではありません。子どもが幼いうちは、「赤ちゃんことば」や「幼児語」で構いません。「青いブーブーだね」「りんごさん、モグモグする?」というように、子どもにわかることばで話しかけましょう。

②「真似する力」をつける

「ことばの育ち」では、「人の真似ができるかどうか」が大切になってきます。なぜなら、ことばを覚えるときには、周囲の人が話すことばを聞いて、それを真似することから始まるからです。

「真似する力」は、幼児向け番組の体操のお兄さん・お姉さんの姿を見て体を揺らすといった、動作の模倣から始まることが多いものです。ただし、「真似」は動作の模倣だけとは限りません。それぞれの子どもの「得意なところ」から真似は始まることが多いので、動作の模倣がないからといって不安になる必要はありません。「得意なところの真似っこ」が、「ことばの真似っこ」につながってきます。

「真似する力」を育むには、親子で一緒に何かをするのがいちばんです。たとえば、食事をするときも、お子さんの口に食べ物を運ぶばかりでなく、向かい合って一緒に食べてみましょう。スプーンですくって、ひと口食べて、「ああ、おいしい!」という姿を繰り返し見せることで、子どもも真似するようになります。

最初は「おいしい」と発音ができず「おんち〜」「しい〜」というような発語かもしれません。でも、そこで厳しく正すのではなく、「そうね、おいしいね〜」と返してあげれば、コミュニケーションとして充分です。日常のさまざまなシーンで真似っこできるようになれば、聞いたことばを再現できるようになります。

③「からだを使ったあそび」でことばを育む

「からだの育ち」が「ことばの育ち」の土台になることは、先に説明

しましたが（14ページ）、さらに運動あそびには、発語を促す効果があります。楽しくあそんでいるときは、緊張が和らいで心身ともにリラックスするものです。

　声が出やすくなるのも、まさにそんなときです。笑ったり、大声を出したりしながらあそんでいるうちに、子どもは自分の声を自分で聞き、どんなふうにしたらどんな声が出るのかを学んでいます。声を出すことが、「ことばの育ち」の第一歩となります。

　あそびを始めるタイミングは、「子ども主導」を心がけてください。大人があそびに誘ったり決めたりするのではなく、さりげなく子どもを観察し、楽しそうに何かであそびはじめたら、頃合いを見て、無理のない範囲でそれに参加してみましょう。そうすれば、子どもはすでに楽しくあそんでいますから、大人が無理に楽しませる必要はなく、「すごいね〜」「じょうずだね〜」と盛り上げ役に徹するだけで、子どもから声やことばが出やすくなると思います。

④「話したい！」という気持ちを育む

　子どもとのコミュニケーションを図ろうと、「これはどう？」「こっちがいい？」というように、やたらと質問を繰り返してはいませんか？　あるいは、「はい、おやつどうぞ」「この積み木であそぼうよ」と、子どもの目の前に、子どもが喜びそうなものをわざわざ用意していないでしょうか。

　大人のほうから働きかけることが、絶対にダメというわけではありませんが、ずっとそうだと子どもは常に受け身の姿勢になってしまい、自分から何かを伝える必然性が生まれず、主体的な行動に結びつきません。

　時には、「子どもさんからのアクションを待つ」ということもやってみてください。たとえば、お菓子を指差して「あー、あー」と声を出したら、「これが食べたいのね。じゃ、おやつにしようか」と代弁し、受け止めてあげるといった具合です。

　とはいえ、子どもからの発信を固唾を飲んでじっと待っている、と

いうのでは、緊張感が漂ってしまいます。

　ママ・パパ自身がリラックスして楽しい時間を過ごし、子どもが安心して自分の気持ちを発信できる、おだやかな雰囲気を演出することが大切です。

⑤「共感する」「受け止める」で子どもの自己肯定感を育む

　たとえば、公園で一緒にブランコあそびをしているときに、子どもが揺れに合わせて楽しそうに「わぁ～、うわぁ～」と声を出したとしましょう。そんなとき「もっと揺らす？」とか「怖くない？」などのように「確認作業」をしてしまいがちです。

　でも、本当に大切にしていただきたいのは、子どもの気持ちを受け止めること、そして、共感することです。

　揺れをとても楽しんでいる様子なら、「ぶ～ら、ぶ～ら、気持ちいいねぇ～」と、まずは共感を。ことばではなくとも、声と表情で心地よさを一所懸命に伝えた子どもは、「ママに伝わった！」「気持ちがわかってもらえた！」とうれしくなります。

　ママ・パパが常にこのように受け止めてくれると、子どもの中に「ボク（ワタシ）は、ここにいていいんだ」という「自己肯定感」が育まれ、それがその後のすべての成長発達の「頼もしい味方」になります。「ことばの育ち」は、自己主張でもあります。自分は愛されているという実感があればこそ、自信を持って主張できます。

● ことばを引き出すアプローチ

「ことばの育ち」を促すには、楽しみながらあそぶことが大切だと繰り返し説明してきました。しかし、現代のママ・パパは、仕事と家庭の両立で大忙しです。本書を手に取ってくださってはみたものの、なかなか「あそびの時間」が取れないと感じていらっしゃるご家庭もあるのではないでしょうか。

　そんなみなさんに私たちが紹介したいのが、日常会話の中で「ことばの育ち」を促す「インリアル・アプローチ」です。

　これは、言語聴覚士が用いる専門的な手法のひとつです。しかし、実はママ・パパが日常、無意識のうちにできていることがほとんどだと思いますので、「おさらい」だと思って気軽に確認していただき、24ページから紹介するさまざまなあそびの中でも活用してください。

インリアル・アプローチ ⑦つのワザ

1 ミラリング（子どもの動作をそのまま真似る）

ママやパパが自分に共感してくれていることを感じ、子どものこころが安定します。

2 モニタリング（子どもの言うこと〈音声でもよい〉を真似る）

ことば（音声）のキャッチボールができ、真似の力を育みます。

3 パラレルトーク（子どもの行動や気持ちを言語化する）

子どもがことばにできないことを、親がことばで表現することで、知っていることばを増やすことにつながります。

4 セルフトーク（ママ・パパの行動や気持ちを言語化する）

聞いて覚えることにつながります。また、「ママ、トイレに行ってくるね」などと言ってから移動することで、子どもの不安を軽減できます。

5 リフレクティング（言い誤りを直して聞かせる）

正しい発音を知ることができます。

6 エキスパンション（意味的・文法的に広げて返す）

「ブーブー」→「青いブーブーだね」などで、語彙力や表現力が向上します。

7 モデリング（新しいことばのモデルを示す）

スズメをじっと見ている子どもに、親が「スズメさん、チュンチュンだね」と言うなど、子どもが知らないことばや表現を補足して伝えます。

「ことばが遅い子・心配な子」から「ことば」を引き出す親子あそび100

1 て・て・あし・あし

リズミカルな動きや音声は、「ことばの育ち」や運動発達の基礎になります。オリジナルソングをつくって、おむつ替えを楽しい時間に！

あそび方

1 寝転んでいる赤ちゃんの両手か両脚を持ち、イッチニッ、サンッ、シッなどのリズムに合わせて動かします。

2 ママ・パパが赤ちゃんの顔を見て、表情豊かに行なうことで、赤ちゃんは楽しさと安心感を抱きます。

 ことばのポイント！

声かけや歌はいつも同じにしましょう。「始まり」と「終わり」がわかりやすくなり、声かけの段階であそびが始まることを予測できるようになります。

 からだのポイント！

手足を曲げるときは、しっかり曲げましょう。関節の動きがよくなります。回数は、子どもの様子に合わせて。楽しそうならたくさんでもいいですよ。

2 お顔タッチ

顔の皮膚触覚に刺激を与えます。最初は顔の外側を手のひらでやさしく包み、徐々に顔の内側をチョンチョンと触れていきましょう。

あそび方

1. 歌いながら、手のひら全体で顔を包みこむようにしてタッチ。慣れてきたら、指先でつつくようにするなどアレンジしましょう。
2. 触れる場所が同じような場所ばかりにならないよう、顔のあちこちをランダムに触れるようにします。

 ことばのポイント！

口のまわりは意識的に触れましょう。口への意識が高まり、自発的に口を動かす手助けになります。毎回同じ歌のほうが予測する力がつきます。

 からだのポイント！

「面」のタッチに「点」のタッチを混ぜることで、さまざまな触覚を刺激できます。赤ちゃんが喜ぶ触れ方があれば、それを多めに取り入れましょう。

3 この音、ど～こだ？

動くものを目で追う「追視(ついし)」は、発達において大切な動作です。気になるものを見つけ、それを目で追えるようになると好奇心が湧いてきます。

あそび方

1 振ると音が鳴るおもちゃを赤ちゃんに見せます。
2 赤ちゃんがおもちゃをしっかり見ていることを確認したら、音を鳴らしながら左右にゆっくり動かします。

⚠ 音を嫌がるような反応を示す場合は、音のあそびは控えましょう。

 ことばのポイント！

興味のあるものに注目する「追視」によって「ものの認知」が向上します。それが、ものの色や形、用途や名称などを学ぶ基礎となります。

 からだのポイント！

目だけで追える範囲だけでなく、首を動かさないと見えない場所にもおもちゃを動かしましょう。両者を織り交ぜるとさらに難易度が高くなりますよ。

4 首の体操

幼い子どもにとって、頭部はとても重いもの。寝返りができるようになったら、少しずつ始めてみてください。

●はぐくむ力●
筋力
視覚
集中力

これ、何かな〜

あそび方

1 赤ちゃんをマットなどにうつ伏せにして寝かせ、前方からおもちゃを見せます。

2 赤ちゃんが顔を持ち上げておもちゃを見るように、「これ、何かな〜」「そうだね！」と楽しい声かけをしながら誘導します。

⚠ 新生児のうつ伏せ寝は危険です。寝返りをしそうになってからにしましょう。

 ことばのポイント！

赤ちゃんはママ・パパの応援する声を聞いています。頭を持ち上げると、ママ・パパが喜ぶことがわかると、いっそう楽しんで取り組んでくれますよ。

 からだのポイント！

顔を持ち上げるときには、首のうしろの筋肉を使います。体の背面の筋肉は、姿勢を安定的に保つのにとても大切です。

5 まねっこ ウ〜 ア〜！

ご機嫌な赤ちゃんはさまざまな声を出します。赤ちゃんが「あ〜」「う〜」と言いはじめたら、すかさず真似っこしてみましょう。

あそび方

1 赤ちゃんがご機嫌なときに何か言ったらチャンス！ 大人がその声を真似しましょう。

2 赤ちゃんが返してきたら、また呼応するように真似っこ。抑揚をつけたり、声色を変えたりしてアレンジをしても楽しいものです。

 ことばのポイント！

発声の練習になると同時に、自分が何かを言うと誰かがそれに応えてくれるという体験を繰り返すことで、会話の基礎を学びます。

 からだのポイント！

前からだけでなく、うしろや上からなど、赤ちゃんを中心にいろいろな方向から声かけを。周囲への意識がボディイメージの形成につながります。

6 ごきげんマッサージ

お風呂上がりなどに、全身を楽しくマッサージ。
やさしく押したり、くすぐったり……。赤ちゃん
の反応を見て、ことばかけも工夫しましょう。

●はぐくむ力●
触 覚
ボディイメージ
言語コミュニケーション

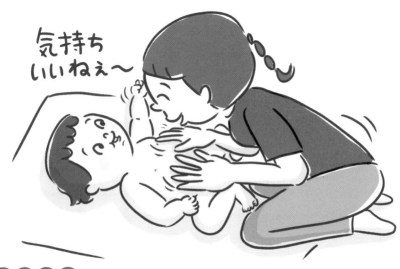

気持ち
いいねぇ〜

あそび方

1. 赤ちゃんの体全体をゆっくりマッサージ。
2. いろいろなところをランダムに触るのではなく、「気持ちいいねえ」「足
   いきま〜す」などと話しかけながら、頭→顔→首→胸→お腹→もも→足
   →つま先、というように一定の流れに沿って行ないます。

 ことばのポイント！

気持ちや部位の名称を話しかけます。
「頭」→「オツムテーンテン」など、家
族だけで共有しているオリジナルの言
い方や擬音語を交えても結構です。

 からだのポイント！

マッサージは手のひらでやさしく圧を
かけて。圧覚（体で圧力を感じる力）
と触覚を感じることで体と外界の境界
を学びます。嫌がる場合は無理せずに。

29

7 おなかでパドリング

パパのお腹で波乗り！ 親子のふれあいは、子どもの自己肯定感をしっかりと育みます。見ているママも、ことばかけで盛り上げてくださいね。

●はぐくむ力●

| 前庭覚 |
| 姿勢 |
| 運動コントロール |

ゆら　　ゆ〜ら

あそび方

1. 大人が仰向けになって寝ます。
2. お腹の上に子どもをうつ伏せにして乗せ、お腹を揺らしましょう。
3. できそうなら、仰向けにして。うつ伏せ、仰向けともに、落ちないように子どもの体をそっと支えます。

 ことばのポイント！

「ユラユラ」「ビューン」「ポワンポワン」というように、擬態語でたくさん声をかけて。体の動きと一緒に音のイメージが脳に蓄積されていきます。

 からだのポイント！

さまざまな方向に揺らすことで体幹が鍛えられます。また、揺れに対応することは、筋肉をタイミングよく動かす練習にもなります。

8 いない いない ばあ

おなじみの「いないいないばあ」は、音と動きが一体になった運動あそび。「変顔」で盛り上げれば、声もどんどん出るようになります。

いない いない

ばーっ!!

あそび方

1 子どもの前に顔を近づけて、「いないいない〜、ばあ！」。「いない いない……」のあとに少し間を置く、声のトーンを変えるなど、バリエーションを豊かにすると、さらに楽しく取り組めます。

2 動きを逆にした「いるいる いない」（『いるいる』で顔を見せ、『いない』で顔を隠す）もおすすめです。

 ことばのポイント！

「いないいない」のあとに「ばあ」が来るという関係が理解できれば、「次のばあはどんな顔かな？」と期待する気持ちが芽生えます。

からだのポイント！

ことばと動きを一致させることで、タイミングの取り方やリズム感を学ぶ機会になります。「ばあ」のところでは、できるだけ派手に登場しましょう！

9 おもちゃをさがせ！

部屋のいろいろなところにおもちゃを置いて、一緒に捜しましょう。子どもの動ける範囲に合わせておもちゃを置くのがポイントです。

● はぐくむ力 ●

| 視　覚 |
| 目のコントロール |
| 運動コントロール |

あ、ねこちゃん いたー！！

いた〜

あれ、何かな〜

あそび方

1. 部屋の中のいろいろなところにおもちゃを置いて、「〇〇ちゃん、あれ、何かな？」と声をかけます。

2. 子どもが少し動けば取れるところから、がんばらないと取れないところまで、置き場所に変化を持たせるのが、楽しむためのポイントです。

 ことばのポイント！

おもちゃまでがんばって移動すればするほど、到達したときの気持ちの高まりは大きくなります。「あった！」と声が出たら、一緒に大喜びしてあげて。

 からだのポイント！

遠近だけでなく高さも活用することで、手足（腕や脚）の力や体幹がしっかりします。慣れてきたら、おもちゃの一部を隠すなどしてもいいですね。

10 たかい たか～い

「いないいないばぁ」（31ページ）と同じく、昔ながらの運動あそびです。「もっとやって！」のリクエストがあれば、どんどん繰り返しましょう。

たかい たか～い

あそび方

1 子どもを両脇から抱えて、高々と持ち上げましょう。

2 しばらく高低差を楽しんだあと、いちばん高いところに来たときに子どもと目を合わせて「高いね～」とにっこり笑顔を見せてください。

3 怖そうであったり、不安そうであったりすれば、まだ高さは苦手なのかもしれませんので、控えましょう。無理をする必要はありません。

 ことばのポイント！

高さが好きな子どもは、視線や表情で「もっと」と要求します。そのときには「もっとね」「もう1回だね」と、その気持ちを代弁してあげてください。

 からだのポイント！

高い位置で少し静止してみましょう。見下ろすという体験は、小さな子どもにとっては新鮮です。体をまっすぐ保とうとする体幹も鍛えられます。

11 こちょコチョこちょっ!

大きな声が出やすいので「ことばの育ち」におすすめのあそびです。年齢がある程度上がれば、大人がくすぐってもらっても楽しいですね。

● はぐくむ力 ●
視　覚
ボディイメージ
発　声

あそび方

1 「♪こちょこちょ、コ〜チョ♫」などデタラメに歌いながら、子どもの体をくすぐります。

2 始める前に「いくよ〜」と声をかけながら、くすぐるジェスチャーを見せて、子どもに期待感を持たせましょう。

3 くすぐったがっていても、実は嫌がっていることもあるので、その点は注意して観察してください。

 ことばのポイント!

これも、繰り返しの要求が出やすいあそびです。楽しく繰り返すことで、子どもの「もう1回」という「身振り模倣」を促すきっかけにもなります。

 からだのポイント!

できるだけいろいろな場所を触ります。背中など、自分では見えないところに触れることで、ボディイメージが形成しやすくなります。

12 足のお舟

「おなかでパドリング」（30ページ）の発展バージョン。「お座り」ができるようになったら、ママ・パパの足に座らせて、ゆ〜らゆら♪

●はぐくむ力●
| 前庭覚 |
| 姿 勢 |
| 運動コントロール |

ゆ〜らゆら

あそび方

1 大人が両脚を投げ出して座り、その上に子どもを座らせます。

2 大人の両脚を波に見立てて「ゆ〜らゆ〜ら」などと言いながら、脚を上下左右に揺らします。

3 波の高さや速さを変えることで子どものテンションもアップ。子どもが喜ぶ動きを盛り込みましょう。

 ことばのポイント！

「いくよ〜」と出発の声をかけたり、「波が来た！」と盛り上げたり、想像力豊かな声かけを。テンションが上がると、子どもの声も出やすくなります。

 からだのポイント！

揺れに対してバランスを取ることで体幹がしっかりします。上下だけでなく、左右の動きも織り交ぜて。片足ずつ動かすと難易度がアップします。

35

13 ぎったん ばっこん

大好きなママ・パパと、ずっと顔を見合わせていられるあそびなので、子どもたちは大はしゃぎ！大人も童心に帰って楽しみましょう。

●はぐくむ力●
前庭覚
姿勢
運動コントロール

ぎ〜っ、たん！

あそび方

1 大人と子どもは、両脚を投げ出して向かい合って座ります。

2 足の裏同士を合わせ、両手をつないだら、「ぎったん、ばっこん」と交互に引っ張り合います。

⚠ ひざを伸ばして行ないますが、痛みがあるようなら無理をせず、少し曲げて行なってもいいでしょう。

 ことばのポイント！

「ぎったん」「ばっこん」など、体の動きに合わせた擬音語は、覚えやすく言いやすいのが特長。「ぎ〜っ、こん」などアレンジを加えながら繰り返して。

 からだのポイント！

イスに座る生活をしていると、ももの裏の筋肉（ハムストリングス）が硬くなりがちです。このあそびでしっかりほぐしてあげましょう。

14 はい ど〜ぞ

「ちょうだい」「はい、どーぞ」のかけ合いが楽しいあそびです。ことばが出なくても手渡すことができれば、状況はしっかり理解できています。

● はぐくむ力 ●
言語コミュニケーション
姿　勢
手の器用さ

あそび方

1. 子どもが何か手に持っているときを見計らって、「ちょうだい」と手を出します。
2. 子どもが大人の手にものを置いたら、「はい、どーぞ」と大人が代弁します。
3. 上手にできたら「ありがとう」。お返しに「はい、どーぞ」と子どもに何かを手渡してもいいですね。

 ことばのポイント！

「ちょうだい」のときは、しっかり手のひらを見せて、ここに載せるんだよということを伝えます。言い方にアレンジを加えても楽しいですね。

 からだのポイント！

手を出すときは、子どもの目の前にしっかりと見せるように差し出しましょう。大人の手をすぼめるなどすると、子どもの手の器用さが養われます。

15 タオルブランコ

子どもは好きな刺激を感じているとき、こころが安定します。揺れる動きが好きな子は、タオルに包まれて揺れていると、とても心地よく感じます。

●はぐくむ力●

| 前庭覚 |
| 姿 勢 |
| 運動コントロール |

ゆ～ら
ゆら

あそび方

1 タオルケットや大きめのバスタオルに子どもを寝かせます。

2 タオルの両端を持ってハンモック状にしたら、やさしく持ち上げて上下左右に揺らします。

3 揺れ幅を大きくしたり、狭くしたりと変化をつけます。時間が長いと大人が疲れてしまうので、「10回揺らすよ」などと最初に決めておくといいですね。

 ことばのポイント！

歌っているときは必ず揺らす、揺らしているときは決まった声かけをするなど、「始まり」と「終わり」がはっきりとわかるようにしましょう。

 からだのポイント！

タオルに乗って揺れることで平衡感覚（前庭覚）の発達を促すとともに、タオルの中で姿勢を保とうとすることで体幹がしっかりします。

16 ビリビリ ジャージャー

指先が上手に使えるようになるとあそびの幅が広がります。ママ・パパが破る様子を上手に真似っこできたら、しっかりほめてあげましょう。

● はぐくむ力 ●

| 手の器用さ |
| 触 覚 |
| 聴 覚 |

あそび方

1 子どもと一緒に、新聞紙やチラシなどをビリビリと破ります。

2 ある程度の量になったら、「ジャ〜」と言いながら、大人が子どもに破った紙をかけます。

3 それを真似て子どもが大人に紙をかけたら、「ワ〜」「大変だ〜！」と楽しいリアクションで返しましょう。

 ことばのポイント！

大人が子どもに紙をかけて見せることで、子どもも大人にかけるようになります。他人への注目の機会が増え、外界への働きかけも可能になります。

 からだのポイント！

指先が上手に使えない場合は、大人が最初の切れ目を入れてあげると破りやすくなります。物足りない場合は、紙の厚さを変えるなどしてみましょう。

17 ど～っちだ?!

隠すスピードを変えれば、乳幼児から小学生くらいまで幅広く楽しめるあそびです。短い時間で集中できるので、電車やバスの中でもおすすめです。

●はぐくむ力●
目のコントロール
聴覚
集中力

あそび方

1 子どもの目の前で、両手のうちどちら一方に、拳の中に隠れる大きさのおもちゃを隠します。

2 握った両手を子どもの前に「ど～っちだ?!」と差し出し、どちらの手におもちゃが入っているかを当ててもらいます。

 ことばのポイント!

はじめはわざと少しおもちゃが見えるよう隠しましょう。「当てられた」という達成感が、「もう1回したい!」という気持ちを生み出します。

 からだのポイント!

隠している様子から見せることで、おもちゃの移動をずっと目で追いかけます。隠すスピードを変えることで、目の動きの調節力が養われます。

18 マットでGO!

一人ではできないあそびには、コミュニケーションが必要。子どもの「もっとやりたい」という気持ちを引き出すよう、その場を盛り上げて！

● はぐくむ力 ●

姿　勢
前庭覚
言語コミュニケーション

しゅっぱーつ!!

あそび方

1 子どもをマットやバスタオルの上に座らせて、「しゅっぱーつ！」とかけ声をかけます。

2 マットの端を大人が持ち、床を引きずりながら移動しましょう。スピードを変えたりカーブしたり、いろいろな動きを楽しみます。

> ⚠ 体幹筋が弱めの子の場合、遠心力でマットから落ちることがあるので、力加減に注意してください。

 ことばのポイント！

「曲がりまーす」と動きを言語化したり、「プシュー」「ブーン」と擬音語を織り交ぜたり。特に擬音語は真似しやすいので、発声につながります。

 からだのポイント！

前進やカーブのときにマットやタオルから落ちないように体を支えることで、体幹筋が強化されます。子どもを段ボール箱に入れても楽しめます。

41

19 ハイハイおにごっこ

大人も子どもも四つ這いになって、部屋でおにごっこをしましょう。子どもの「はいはい」が上手になってくると、大人のほうが大変かも?!

●はぐくむ力●

| 姿 勢 |
| 運動コントロール |
| 目のコントロール |

あそび方

1. 四つ這いの姿勢で追いかけ合います。
2. 最初は大人が「待てまて〜」と追いかけ役をすることで、「追う」「逃げる」の関係性が理解しやすくなります。
3. 「ワー、はやい〜」「逃げろ〜」など、状況に合わせてことばかけを変えてみましょう。

 ことばのポイント!

しばらく楽しんだら、ギュッと抱きしめるなど、子どもが好きな感覚刺激を与えてあげて。心地よい時間が、コミュニケーション意欲を伸ばします。

 からだのポイント!

慣れてきたらオニを交代。縦横無尽に大人が逃げまわると、それを追うことで、子どもは手足（腕や脚）のコントロールが上手になります。

20 ピンチ ピンチ ピンチ

子どもはママ・パパが使っているものが大好き。
洗濯バサミだって、おもちゃになります。カラフ
ルなものをそろえると、いっそう楽しいですよ。

● はぐくむ力 ●

| 固有覚 |
| 手の器用さ |
| 目のコントロール |

あそび方

1 洗濯バサミをたくさん用意して、ぬいぐるみやタオル、ママやパパの服
など、いろいろなところにつけてあそびましょう。

2 「できるかな〜」「できた！」と子どもの動きに合わせたことばかけを。

3 ママやパパの手や体を挟んでしまったら「イタタタ……」と困った表情
を見せてみて。状況理解の助けになります。

 ことばのポイント！

動作に対することばかけだけでなく、
「ウサギさんにつけよう」「タオルはどう
かな？」と、つける場所についてもこと
ばかけを。語彙が蓄積されていきます。

 からだのポイント！

洗濯バサミの種類や大きさを変える
と、力加減の練習になります。挟むと
ころをしっかり見るようにすることで、
手と目の協調が向上します。

21 肩ぐるま

大人の肩に乗せてもらうと、いつもと違う世界が見える……。肩ぐるまは子どもたちにとって、とても刺激的で楽しいあそびです。

●はぐくむ力●

| 固有覚 |
| 姿 勢 |
| 視 覚 |

たかいね～

あそび方

1. 大人の首のうしろ側から子どもをまたがらせ、大人が立ち上がります。
2. 立ち上がるときに「さあ、いくよ～！」などの声をかけると、ことばと場面転換の関係を学ぶことができます。

⚠ 体幹筋が弱めの子の場合は転落する危険性があるので注意してください。

 ことばのポイント！

「高いね～」「何が見える？」などと子どもの気持ちを代弁したり、質問したりしてみましょう。周囲の大人が手を振っても楽しいですよ。

 からだのポイント！

子どものひざを持つと安定しますが、体幹がしっかりしている子の場合は、足首を持つなど、少し不安定にしてみると、体幹がさらに鍛えられます。

22 お水あそび

夏季の暑い日は、思い切って水あそび！ 大人も子どももビショビショになって水をかけ合うことでテンションがアップし、声を上げて楽しめます。

●はぐくむ力●

| 触　覚 |
| 固有覚 |
| 運動コントロール |

あそび方

1 ホースからの水を浴びたり、水鉄砲で水をかけ合ったり。ペットボトルのフタに穴を開ければ、簡単に水鉄砲をつくることもできます。

2 「ジャージャー」「シューン」「ビショビショだね〜」「冷たい〜」など、ことばかけのバリエーションを増やしてみてください。

 ことばのポイント！

「ジャージャー」「ピュッ」など、水の擬音語と動作を合わせて覚えることができます。あそび道具の操作を覚えることで達成感も得られます。

 からだのポイント！

ホースからの水や水鉄砲、霧吹きなど、水の出方や圧力を変えてみましょう。さまざまな刺激が、触覚と圧覚（体で圧力を感じる力）を活性化します。

23 ひこうきブ〜ン

「たかい たか〜い」（33ページ）、「肩ぐるま」（44ページ）の発展形です。子ども自身が飛行機になって大空を駆けめぐります！

●はぐくむ力●
固有覚
姿 勢
運動コントロール

ブ〜ン！

あそび方

1 大人が子どもの腰あたりを持って、持ち上げます。

2 子どもに両手両脚を伸ばすよう促し、飛行機に見立てて「ブ〜ン」「キーン」と動かしましょう。

⚠ 子どもが嫌がっていないか、表情をよく見てあげましょう。

 ことばのポイント！

「離陸しま〜す」「右に回りま〜す」というように次の動きをことばで示してあげると、ことばと動きの関係が理解でき、予測や安心感にもつながります。

 からだのポイント！

乳児の場合や、高さを恐がる子であれば、大人が仰向けに寝て、持ち上げるだけでもいいですね。ママ・パパの笑顔が見えるので、安心して楽しめます。

ボールころころ

年齢も場所も選ばない定番のあそびですが、動く
ものを目で追う力、ボールを転がす力加減など、
意外と複雑な要素が絡み合っています。

● はぐくむ力 ●

| 触　覚 |
| 固有覚 |
| 運動コントロール |

あそび方

1 大人と子どもが向かい合って座り、ボールを転がし合います。

2 ボールの速さに合わせて「コロコロコロ〜」「ビューン」と擬態語をた
くさん声に出しましょう。

3 慣れてきたら、立って行なったり、ボールの大きさや形状を変えてみま
しょう。

 ことばのポイント！

擬態語以外にも、ボールに合わせて「行
くよ〜」「来たきた〜」と動きを伝える
のもよいことです。動きとことばを一
緒にすることで理解が深まります。

 からだのポイント！

少しくらいボールが外れても大人がう
まくキャッチして、達成感を味わわせ
てあげて。上手にできたら、場所や距
離を変えてアレンジしましょう。

25 トンネルくぐり

発達段階の子どもにとって、「自分の大きさ」を理解するのは案外難しいもの。いろいろな大きさのトンネルで、楽しみながら感覚をつかみます。

●はぐくむ力●
ボディイメージ
触覚
運動コントロール

あそび方

1 段ボールや大人の足などを使って、さまざまな形や大きさのトンネルをつくります。

2 「上手にくぐれるかな〜？」と、子どもにトンネルをくぐってもらいましょう。

3 トンネルの向こうから「こっちだよ〜」などと声かけをすれば、「くぐる」ということばと動作が一致します。

 ことばのポイント！

ことばを覚えるには、動作と一緒に使うことがとても有効です。さながら「実況中継」のように、日頃から子どもの動作を言語化していくのもいいですね。

 からだのポイント！

「通れる」「通れない」を繰り返すことでボディイメージが養われます。狭いところに入ることで、包まれるような安心感の体験にもつながります。

砂場でジャンプ！

両脚を使って飛び上がる力は、特に下半身の発達にとても大切です。ことばかけに合わせて体を動かすことで、ことばのリズムが自然と身につきます。

● はぐくむ力 ●
筋　力
運動コントロール
リズム感

あそび方

1 公園の砂場などの縁に立ち、「せーの」「イチ、ニッ、サーン」などのかけ声とともに両脚でジャンプします。最初は大人がやってみせるといいでしょう。

2 「ハイ！」「おーっとっと……」など、手の振り上げ方や着地の仕方などはオーバー気味に。ことばと一緒に伝えると、真似する力と語彙力が同時に身につきます。

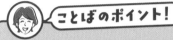 ことばのポイント！

ことばの習得は、リズムや抑揚が大切です。「せ〜のっ」「よいしょ！」などのことばを、音だけではなく、抑揚をつけたフレーズで聞かせてあげましょう。

 からだのポイント！

大人がやってみせるときは、とにかくオーバーに。上手に真似できなくても「真似しようとしている様子」が見られたら、いっぱいほめてあげましょう。

27 お山のぼり

部屋の中の凹凸を活かしたあそびです。ソファー
やベッド、布団に座布団など、いろいろな形状や
感触のものを並べてみましょう。

●はぐくむ力●
| 固有覚 |
| 姿 勢 |
| 筋 力 |

よいしょ
よいしょ

あそび方

1. ミニテーブルや小ぶりのちゃぶ台、ソファーなどにマットや布団をかけ
   て、丘のような形をつくります。
2. つくった丘を子どもが登ったり、降りたりしてあそびます。大人は「よ
   いしょ！ よいしょ！」など、動きに合わせて声をかけましょう。

 ことばのポイント！

登るときには「よいしょ」、降りるとき
には「気をつけて〜」など、決まった
声かけをすると、動作とセットになっ
てことばを覚えやすくなります。

 からだのポイント！

登り降りする場所の形状が複雑になれ
ばなるほど、腕や脚、体幹の筋力が鍛
えられます。お子さんの様子に合わせ
て、工夫してみてくださいね。

28 じょうずに歩けるかな？

散歩やお出かけの途中でも、屋内でもできる簡単なあそびです。何度も同じことをやりたがるのは楽しい証拠。繰り返し体感させてあげましょう。

●はぐくむ力●
| 姿 勢 |
| ボディイメージ |
| 運動コントロール |

こっちだよ〜

シ シ
つ つ
ペタ ペタ
パシャ パシャ

あそび方

1 材質や形状の異なる場所を歩いてみます。大人が前方から「おいで〜」と呼びかけます。

☞屋内なら：ソファー・マット・布団・タオル・床・イスの上など

☞屋外なら：砂利道・坂道・縁石・芝生・砂場・水たまりなど

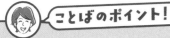 **ことばのポイント！**

「ふかふか」「トゲトゲ」「ジャリジャリ」など、足で感じる感覚をことばにしてあげましょう。「よいしょ！」「高〜い」などもいいですね。

 からだのポイント！

砂利道や砂場、縁石などは特におすすめ。不安定なところを歩くと体幹やバランス感覚が養われます。清潔さなどの状況が許せば、裸足もいいですね。

29 足のすべり台

大人の体を使ったあそびは、親子のふれあいの時間でもあります。「楽しい」「うれしい」という感情をいっぱい共有しましょう。

● はぐくむ力 ●
| 固有覚 |
| 姿 勢 |
| 筋 力 |

あそび方

1 大人が低めのイスやソファーに座り、脚を伸ばします。

2 大人の脚をはしごに見立て、子どもが下から登ります。上手に登れたら、今度はすべり台のように滑ってあそびましょう。

 ことばのポイント！

下から登ってくる子どもと目を合わせて声かけを。声のトーンや表情など、ことば以外のコミュニケーションも、とても大事です。

 からだのポイント！

実際のはしごやすべり台より不安定なので、腕や脚、体幹の筋肉が刺激されます。大人が「お山座り」をして、それを登り降りするのも楽しいですよ。

30 積み上げてガッシャ〜ン！

自分の動作によって目の前の状況が変化することがわかると、「もっとやってみたい！」という意欲や好奇心につながります。

●はぐくむ力●
触覚
手の器用さ
言語コミュニケーション

あそび方

1. 大人が積み木やブロックを積み上げます。
2. 積み上がった積み木やブロックを、「3、2、1、ソレー！」のかけ声で、子どもに崩してもらいます。崩したあと、もっとしてほしそうなら大人がまた積み上げ、子どもが自分で積み上げようとしたら、それを見守ります。

 ことばのポイント！

最初はかけ声とともに大人が崩して見せると、かけ声と動作の関係がわかりやすくなります。思い切りよく崩すと、そのぶん声も出やすくなります。

 からだのポイント！

手の器用さ、手と目の協調とともに、積み上がったものを見ることで立体認知力が向上し、かけ声に合わせて崩すことでリズム感を学びます。

31 シールぺったん

困っているとき、できるまで励ますのもよいのですが、イヤになる前に助けてあげることにも意義があります。ヘルプサインを出すことを覚えます。

●はぐくむ力●
手の器用さ
目のコントロール
運動コントロール

あそび方

1. いろいろな大きさや形のシールを用意して、紙などに貼ってあそびます。
2. シールを台紙から剥がすところから子どもが取り組めるといいのですが、時間がかかるようなら、興味を失ってしまう前に手伝ってください。

 ことばのポイント！

困っているとき、助けてほしそうにしているときには、両手を出すなど、子どもが言いやすい状況をつくります。自発的な発信を待つ姿勢が大切です。

 からだのポイント！

手と目の協調ができるようになるあそびです。手元のシールを全部貼ることで達成感が得られるので、ある程度で貼り切れるよう枚数の調節を。

32 ゴシゴシスクラッチ

ママ・パパの手づくりスクラッチを使った、とても楽しいあそびです。子どもの好きなキャラクターなどを描いて、たくさんつくってあげましょう。

●はぐくむ力●
手の器用さ
視 覚
言語コミュニケーション

あそび方

1 子どもが好きなものを大人が絵に描いて、上から黒いアクリル絵の具で塗りつぶして乾かします。

2 持ちやすい太さの棒や割り箸などを使って子どもに黒い部分をこすり取ってもらいましょう。こすっている間、大人は「何が出るかな〜？」と期待感を高める声かけをします。

 ことばのポイント！

子どもからのヘルプサインがあったら、無理に続けず、すみやかに助けてあげて。「苦しい時間」ではなく、「楽しい時間」にすることが大切です。

 からだのポイント！

「こする」は比較的簡単な動作なので、手先が器用ではない子どもでも取り組みやすいあそびです。大人が手本を見せて、真似を促しましょう。

55

コラム

テレビも動画も使い方次第

　子育て世代のママ・パパは、「働き盛り」でもあります。子どもの成長をゆっくりと見守りたいという思いはあっても、実際のところは日常生活を「なんとか回す」だけで精一杯というご家庭も多いのではないでしょうか。

　そんなときに「救世主」とも言えるのが、テレビや動画です。「後ろめたさはあるけれど、テレビや動画を見せている間は家事や他のことに集中できるから、つい……」。こんな声もよく聞きます。

　多くのママ・パパが「テレビや動画は悪いもの」と思われているようですが、私たちはそうは思いません。便利な道具は、上手に使えばいいのです。

　ことばは「真似」から始まります。テレビや動画には、覚えやすく真似しやすいフレーズがたくさん流れています。それらを覚えることも成長のひとつなのですから、前向きにとらえましょう。

　テレビや動画のデメリットは、一方的に情報が流れ続けること。子どもが興味を示していないのに、「ただ見せる」のは考えものですが、興味を示しているのなら時間を区切るなどして、上手に見せてあげていいと思います。

33 積み木あそび

積み木は、成功がひと目でわかる、達成感を得やすいあそびです。子どもの動きや表情をよく観察して、励ましや驚きなど、いろいろなことばかけを。

● は ぐ く む 力 ●
固有覚
手の器用さ
運動コントロール

だいじょうぶかな～

はい

あそび方

1. 大人が積み木を2～3個積み上げて見せます。
2. 子どもに積み木を1個ずつ渡して、続きをしてもらいましょう。最初は安定感のある積み木を渡したり、倒れないように大人がさりげなくサポートしたりしましょう。

 ことばのポイント！

大人のことばかけは、「どうかな～」「大丈夫かな～？」といった「ドキドキ感」「ワクワク感」を盛り上げるようなものがよいでしょう。

 からだのポイント！

積み木を持ち上げて、置きたいところでそっと手を離すという力加減を学びます。慣れてきたら、積み木を少し不安定にすると、おもしろさアップ！

34 ふみ切りすべり台

すべり台を利用して体幹と手足（腕や脚）のバランスを鍛えましょう。気分が乗ってきたら、ママ・パパも滑って一緒にあそびましょう！

● はぐくむ力 ●
固有覚
姿 勢
筋 力

よういは
いいですか〜

はーい！

※公園や地域のルールに配慮して行なってください。

あそび方

1 大人がすべり台の降りてくるところの脇に立ち、手でふみ切りをつくります。

2 大人の「しゅっぱ〜つ！」の合図で、子どもはすべり台を滑り降ります。無理のない範囲で仰向けに寝たり、うつ伏せになったりなど、いろいろな姿勢で滑りましょう。

ことばのポイント！

スタートの合図を、親子で一緒に言えるといいですね。「スタート！」「ゴー！」など、ことばのいろいろなバリエーションを教えてあげましょう。

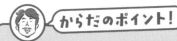

からだのポイント！

さまざまな姿勢になることで、運動のバランスが取れるようになります。さらに、すべり台を駆け上がると筋力がつき、体幹がしっかりします。

35 ポットン落とし

2歳頃になると、クイズ的な要素を加えるなど、あそびに工夫をこらしましょう。考えることが目的ではなく、より楽しくあそぶための工夫です。

●はぐくむ力●
- 手の器用さ
- 目のコントロール
- 運動コントロール

はいるかな〜♪

はいるよー

あそび方

1 深さのあるプラスチック容器などを用意し、フタにいろいろな形の穴を開けます。

2 積み木やおもちゃ、ボールなどを周囲に置き、順番に子どもに入れてもらいます。子どもがものを手に取ったら「入るかな〜？」、入ったら「入ったー！」と盛り上げます。

 ことばのポイント！

うまく入ったらほめましょう。ほめるときはことばだけではなく、抱きしめるなど、子どもの好きな感覚刺激も一緒に与えると、さらに喜びます。

 からだのポイント！

目でものと穴の大きさを比較し、予測することを学びます。また、さまざまな形状のものを持つことで、触覚も刺激されます。

36 階段ヨイショ

ショッピングセンターや駅などでチャレンジ！ 大人が手を引いて行なう場合には、大人のペースで急かさないように注意してくださいね。

●はぐくむ力●
姿勢
筋力
リズム感

イチ、ニ、イチ、ニ、

あそび方

1 階段を上ったり降りたりします。

2 大人は子どもの動きに合わせて「よいしょ、よいしょ」「イチ、ニ、イチ、ニ」など、テンポよく声をかけましょう。

 ことばのポイント！

リズミカルな声かけは、子どもが真似をしやすいのでおすすめ。階段は日常のさまざまなシーンで登場するので、いつでも何度でも楽しめます。

 からだのポイント！

上るときと降りるときで、筋肉の使い方が異なります。スピーディーに行なうより、ゆっくりめのペースのほうが、筋力アップには効果的です。

37 手形足形 スタンプあそび

手や足を使ってスタンプあそびをしましょう。絵の具を肌につける感覚はなかなか味わえないので、声も出やすくなります。ママ・パパも一緒に！

あそび方

1 大きな紙を用意します。

2 手や足に絵の具をつけて、気の向くまま「エイッ！」とスタンプ！

3 あらかじめスタンプする場所にマルなどを描いておいても楽しめます。絵の具を手足につけるのが嫌なようであれば、いろいろな形のハンコを用意してもいいですね。

 ことばのポイント！

「ぺったん」と言いながら紙に手を押しつけたり、「次は何色にする？」と尋ねたり。押したスタンプの形が何に見えるかを話し合っても楽しいですね。

 からだのポイント！

手足の感覚に刺激が入ることで、触覚が発達します。自分の動作で目の前が変化するので、「次は何をしようか」という意欲も高まります。

38 おすわりストン!

「焦らす」あそびは期待感が高まるので、声が出やすくなります。日常のちょっとしたシーンでも「次は何かな〜?」と焦らしてみてくださいね。

●はぐくむ力●
| 前庭覚 |
| 姿勢 |
| 運動コントロール |

あそび方

1 大人が正座します。

2 大人のひざの上に子どもが座ります。歌に合わせて体を揺らしたあと、最後はひざを開いて、ストンと子どもを床に落とします。

 ことばのポイント!

歌はオリジナルでも童謡でも、何でも構いません。落とす前に少し焦らすと、期待感が高まります。一緒に「ストーン!」と言えるといいですね。

 からだのポイント!

落とす高さや速さなどにバリエーションをつけてみましょう。子どもの表情や声をよく観察して、気に入った動きを繰り返すようにします。

39 落としてガッシャ〜ン!

大人からすれば「ちょっとなあ……」と思う動作でも、子どもにとっては楽しいあそびです。思い切って一緒にあそんで、大声で笑い合いましょう。

●はぐくむ力●
触 覚
聴 覚
手の器用さ

ガッシャーン！

あそび方

1 テーブルなど、台の前に座ります。

2 子どもの手の届く範囲に積み木やコップなど、いろいろな形状・材質のものを置いて、ガシャンと落としてあそびます。落とすときに大人が「コロコロ〜」「ガッシャーン！」と擬音語を添えると、子どもは真似をしやすくなります。

 ことばのポイント！

大人はネガティブに捉えがちな「落ちる」「落とす」も、子どもにとっては魅力的な行為。興味や好奇心が、ことばや音を覚えることにつながっていきます。

 からだのポイント！

落とし方にも工夫をしてみましょう。勢いよく落とす、そっと転がすなど、さまざまな動作を行なうことで、力加減を体得することができます。

40 まねっこ できるかな?

「学ぶ」は「真似ぶ」から始まったと言われています。最初は大きな動作から始めて、上手になったら小さな動作へと少しずつ進めましょう。

あそび方

1 まず、大人が子どもの動作を真似ます。

2 子どもが「同じことをやればいいんだな」と理解したところで、大人の真似に挑戦！ 真似するのは、身振り手振りでも、口真似でも構いません。

3 うまくできなくても、子どもに真似しようとする様子が見えたら、ほめてあげてください。

 ことばのポイント！

「ことばの育ち」は真似から始まります。テレビ番組のキャラクターや大人の真似をしようとしているときは、止めずに一緒に楽しみましょう。

 からだのポイント！

動きを見せるときは、できるだけ大きな動きでゆっくりと。少しくらい違っていても気にしません！ 楽しい雰囲気を演出するのが大人の役割です。

41 起こして 起こして

リビングなどでのんびりしているときにぴったりのあそびです。「助けて、○○ちゃん！」など、ママ・パパの迫真の演技で盛り上げましょう。

● はぐくむ力 ●
筋力
言語コミュニケーション
運動コントロール

○○ちゃ～ん、
起こして～！！

おも～い！

よいしょ！！

あそび方

1 大人が寝転がっているときなどに、「○○ちゃん、ちょっとママを起こしてくれない？」と声をかけます。

2 子どもが起こしはじめたら、「よいしょ」「もうちょっと！」と励ましながら、ゆっくりと体を起こしましょう。無事に起きられたらハイタッチ！

 ことばのポイント！

「起こして」がわからないときは、「ママ、おっきしたいな～」など、子どもがわかることばで伝えましょう。正しいことばにこだわる必要はありません。

 からだのポイント！

子どもと大人が入れ替わっても楽しいですね。大人が子どもを起こしながら、「あ～、力が出ない～」など、おもしろいシーンをつくってあげましょう。

42 おウマさんパカパカ

昔ながらのあそびですが、子どもの指示通りに動くことで、「伝えること」「自分から発信すること」の楽しさを学びます。

● はぐくむ力 ●
言語コミュニケーション
前庭覚
姿勢

あっちにいきまーす!

ヒヒーン!

※転落しないように注意してください。

あそび方

1 大人が四つ這いになって、馬の役をします。

2 子どもが親の背中に乗り、進む方向を指示します。大人は子どもの指示通りに動きましょう。

3 もう一人の大人が障害物になるなどして、コースにも工夫をこらすといいですね。

 ことばのポイント!

「あっち」などの指示を受けたら、「ヒヒーン!」と返事をしてから動きましょう。自分の指示が伝わっていることが、子どもにわかりやすくなります。

 からだのポイント!

上手に乗れるようになったら、馬の体を少し揺らすなどすると、体幹が鍛えられます。子どもの太ももで大人の胴体を挟むと、姿勢が安定します。

43 おままごと

ママやパパ、園の先生など、身近な人になりきってあそびます。子どもの鋭い観察力に、大人がタジタジとなるシーンもあるのでは?!

● はぐくむ力 ●
言語コミュニケーション
手の器用さ
運動コントロール

あそび方

1 食べ物のミニチュアやままごと道具を使って、その人物になりきってあそびましょう。

2 ママやパパも照れずに、役になりきってあそぶのが、盛り上がるコツです。

 ことばのポイント!

「する」「してもらう」という主客の変換が自然に身につきます。「〜してください」を子どもに言わせる必要はなく、大人が口にして聞かせれば充分です。

 からだのポイント!

おままごとに使うおもちゃの形状や大きさを、さまざまなものにしてみましょう。指先の動かし方や、手と目の協調が円滑になります。

67

44 にらめっこ

顔のパーツを動かすにらめっこは、唇の動かし方
のよいトレーニングにもなります。ワンパターン
にならないように、大人が工夫してください。

●はぐくむ力●
言語コミュニケーション
視覚
運動コントロール

あそび方

1. 大人と子どもが向かい合わせになり、「に〜らめっこしましょ。あっぷっ
   ぷ〜」で「変顔」をします。
2. 年齢が大きくなれば、「笑うと負け」というルールを適用することでさら
   に楽しくなりますが、幼いうちは勝ち負けではなく、一緒に大笑いする
   だけで充分です。

 ことばのポイント!

顔の部位をどう動かしたらどうなるの
かを知ることが、ことばの模倣につな
がります。鏡の前で「こんな顔、でき
る?」と一緒にやってもいいですね。

 からだのポイント!

顔は動かしやすくはないので、動きが
単調になりがち。大人が動かし方を見
せてあげたり、大人が手で触れて動か
してあげたりするのもよいことです。

45 オバケごっこ

「見立て」のあそびは子どもの想像力を育みます。
とはいえ、はじめは難しいので、大人が手本を見
せてあげましょう。

● はぐくむ力 ●
言語コミュニケーション
ボディイメージ
想像力

パ～パ～お～ば～けだぞぅ～

あそび方

1 シーツやバスタオル、新聞紙など、身の周りにあるものを使って、オバ
ケになってあそびましょう。

2 姿かたちだけでなく、セリフや声のトーンなども工夫して。ただし、怖
がらせすぎには注意してくださいね。

 ことばのポイント！

大人がオバケになり切ることが、盛り
上がる秘訣。いつものママ・パパのま
まだと、結局何をしているのかが、子
どもはわからなくなってしまいます。

からだのポイント！

腕をブラブラさせたり背中を丸めたり
など、いろいろなオバケっぽい動きを
考えてみましょう。体で表現すること
で、ボディイメージがつかめます。

46 な～んでしょ？

子どもの想像力は、3歳くらいから飛躍的に伸びると言われています。イメージと一緒に、ことばもどんどん増やしていきましょう。

●はぐくむ力●
言語コミュニケーション
手の器用さ
想像力

これ、な～んだ？

お料理につかうよ

う～ん

？？？

あそび方

1 テーブルに載るくらいの大きさの段ボール箱を用意します。

2 大人と子どもが向かい合わせになるように座り、家の中のものやおもちゃなどを段ボール箱の隅から一部だけ子どもに見せて、当ててもらいましょう。慣れてきたら役割を交代します。

 ことばのポイント！

子どもの興味を引き出すために、はじめは準備しているところをわざと見せたり、隠す部分を少なくしたりして正解しやすいようにします。

 からだのポイント！

見える部分を調節して相手に見せるという動作には、相手の視線を意識することが必要です。子どもが出題するとき、親は精一杯悩んでみせて。

47 とってきて～

課せられた任務を記憶して遂行するという、難易度の高いあそびです。「はい ど～ぞ」（37ページ）と組み合わせるといいですね。

●はぐくむ力●
言語コミュニケーション
視　覚
運動コントロール

あそび方

1 部屋の中にあるものを子どもに伝えて、取ってきてもらうようにお願いします。最初は1つから始めて、慣れてきたら2個、3個と増やしていきましょう。

2 難しいようなら、場所を伝えるときに「あそこにある○○」というように、指差しなどをして伝えても結構です。

 ことばのポイント！

「聞いたことを順番に記憶する」ことの練習になります。また「ここにある○○」「そこにある△△」など、「こそあどことば」も理解できるようになります。

 からだのポイント！

視線でものを探しながら部屋のあちこちを移動するので、目を使いながら体を動かす力が養えます。危ないものは事前に片づけておいてください。

48 なべなべそこぬけ

聞いたことはあっても、実際に行なうのは初めてという方がいるかもしれません。グルッと回れたら、ハイタッチで喜びを共有しましょう。

●はぐくむ力●
固有覚
運動コントロール
言語コミュニケーション

な〜べな〜べ〜
そ〜こぬけ〜

そ〜こが
ぬけたら〜

かえりましょ!

あそび方

1. 大人と子どもが向かい合わせになって立ち、手をつなぎます。
2. 「な〜べ〜な〜べ〜そ〜こぬけ〜」のリズムに合わせてつないだ手を左右に振り、「そ〜こがぬけたらかえりましょ」で背中合わせになるように手をくぐります。左右のバランスをとって、上手にくぐりましょう。

 ことばのポイント!

いくつかの動きが連続しますが、歌のリズムがあることで円滑に協調できます。動作が追いつかない場合は、歌のテンポを動きに合わせましょう。

 からだのポイント!

体の柔軟性が向上します。リズムに合わせて体を動かすことは、入園・入学後の「ヨーイ、ドン」などのタイミングを図る動きにつながります。

49 段ボールハウス

狭い場所は、こころを落ち着かせてくれる空間でもあります。子どもの好きなものを集めて、「お気に入りの場所」を一緒につくりましょう。

あそび方

1. 段ボールなどを使って、子ども用の小さな空間をつくってあげます。
2. 「何を置く？」と声かけをしながら、段ボールハウスの中を充実させていきましょう。
3. 段ボールハウスが完成したら、大人は「お客さん」になってさっそくあそびに行きましょう。

 ことばのポイント！

お客さんになったら、「これは何ですか？」とハウスの中について質問してみましょう。ハウスの中を子どもに紹介してもらうのもいいですね。

 からだのポイント！

気持ちが安定すると、子どもは持てる力をのびのびと発揮します。一人で黙々とあそんでいるなら、それで構いません。そっと見守ってあげてください。

50 色かたちカルタ

色と形を組み合わせて考えるあそびです。答える
側だけでなく、出題する側も子どもにさせてあげ
ましょう。わざと間違ってみてもいいですね。

●はぐくむ力●
視 覚
言語コミュニケーション
姿 勢

赤色の三角くださーい！

はい どうぞ

ありがとう！

あそび方

1 厚紙を使っていろいろな色、形のカードをつくります。

2 つくったカードをテーブルなどに並べ、「赤色の三角をください」という
ように、色と形を指定します。

3 子どもが正しく選んで渡してくれたら、「ありがとう」と受け取ります。
慣れてきたら役割を交代します。

 ことばのポイント！

複雑な組み合わせのあそびですが、「色
＋形＋ください」の基本パターンがあ
るので覚えやすく、子どもでも簡単に
再現することができます。

 からだのポイント！

このあそびに取り組む際に、イスにしっ
かり座る、カードは左右均等に置くな
どの工夫をすることで、体幹筋を育て
ることができます。

51 おすもうハッケヨイ!

力士のように四股（しこ）を踏んだり、清め塩を撒（ま）くふりをしたり……。大人が場の雰囲気を盛り上げると、子どももどんどんノッてきますよ。

のこった
のこったー

あそび方

1. 土俵に見立てたリング状の遊具を置くなど、エリアを区切ります。
2. 円の中に大人と子どもが向かい合って立ち、手のひらを合わせて押したり引いたりします。円から出たほうが負けです。

 ことばのポイント!

「はっけよい」「のこった、のこった」といった「決まり文句」があることで、子どものことばが出やすく、声を出すタイミングも図りやすくなります。

 からだのポイント!

押したり引いたりするときに大人の力の強弱をつけましょう。動きに合わせて踏ん張ることで体幹が鍛えられるうえ、立位（りつい）のバランスも向上します。

手押しぐるま

両手で体重を支える動作は、筋力の強化に打ってつけのあそび。姿勢の改善にもおすすめです。日常生活に取り入れてみてくださいね。

● はぐくむ力 ●
| 筋　力 |
| 姿　勢 |
| 運動コントロール |

よいしょ.
よいしょ

あそび方

1. 大人が子どもの両足首を持ち、子どもは手を使って移動します。
2. 移動するときは、「右、左」「よいしょ、よいしょ」と、歩くテンポに合わせたかけ声をかけると、リズムに乗って動きやすくなります。

 ことばのポイント！

「曲がりまーす」「上手に止まれたね」など、動きが変わるときに声かけを。「ピッ！」「ストップ！」などの短く明快な声かけも子どものことばを促します。

 からだのポイント！

まっすぐ前進するだけでなく、転回したり後退したり……。縦横無尽に移動することで、体のさまざまな部分の筋肉を刺激できます。

53 粘土こねこね

紙粘土や小麦粉粘土など、粘土にはさまざまな素材のものがあります。色をつけられるものもあるので、触覚だけでなく、視覚も刺激できます。

あそび方

1. 大人も子どもも一緒に粘土あそびを楽しみます。最初は手触りを確かめることから始め、慣れてきたら何かをつくってみます。

2. 大人が手本を見せてあげると、粘土の使い方が理解しやすいでしょう。「グイッ」「むにょむにょ」など、手先の動作に合わせて擬態語をうまく活用して。

 ことばのポイント！

同じ「コロコロ〜」でも、ゆっくり言うのと速く言うのとでは、印象が変わります。粘土の転がし具合と一緒に見せることで、理解しやすくなります。

 からだのポイント！

粘土の硬さによっては、指先だけでなく、手のひらや腕の力も使えるようになります。ヘラなどの道具を使うと、手先を器用に使えるようになります。

54 ブランコゆ～らゆら

ブランコは好き嫌いが分かれやすいあそびです。揺れが楽しめるようなら、自分からやめるまで存分に楽しませてあげましょう。

●はぐくむ力●
前庭覚
姿　勢
運動コントロール

あそび方

1 ブランコであそびます。自分でこげない場合は、大人がサポートしてあげましょう。

2 「よいしょ～」「い～ち、に～」「ビューン」などの声かけは真似をしやすくなります。背もたれのないブランコの場合は、転落に注意してください。

 ことばのポイント！

子どもが自分でこげない場合など、意思表示のサインを待ってから助けるようにすると、サインの意味に気づき、繰り返し発信できるようになります。

 からだのポイント！

ブランコは好き嫌いだけでなく、満足するまでの時間もそれぞれ。楽しんでいるようなら途中で止めずに、声かけをしながら気長につき合いましょう。

55 人間のり巻き

ダイナミックな動きを伴うあそびは、テンションが上がるので発語も増えます。子どものり巻きだけでなく、大人ののり巻きもつくりましょう。

● はぐくむ力 ●

前庭覚
筋 力
言語コミュニケーション

いくよ〜

ゴロゴロ

※安全を確保してください。

あそび方

1 布団やマットを敷き、布団の長辺に対して垂直になるように子どもを寝かせます。

2 のり巻きを巻く要領で子どもを布団で巻き、端まで巻き終えたら、一気に転がして布団をはがします。

 ことばのポイント!

動作と一緒に擬態語で盛り上げます。回転が終わったあとの子どもの表情を観察し、どうしてほしいのかをことばや表情、態度で示せるように促します。

 からだのポイント!

回転の方向が偏らないように、体の向きを変えて行ないましょう。回転が好きな子はスピードを上げてみると、テンションはさらにアップ!

56 じょうずに見つけられるかな？

「まっすぐ、まっすぐ」「すこ～しだけ左に」など、「スイカ割り」の要領でボールや玩具を見つけ出しましょう。うまく見つけられたら全員で大喜び！

●はぐくむ力●
聴覚
固有覚
言語コミュニケーション

どっ、どっ～

そのまままっすぐ～

あそび方

1 ハンカチやスカーフ、タオルなどで子どもに目隠しをします。
2 歩き回って探せる範囲に、ビーチボールやぬいぐるみなど、子どもが好きな玩具などを置きます。
3 子どもは大人の声だけを頼りにして、どこにあるかを探します。

⚠ ぶつかったり転んだりしないよう周囲の安全を確保してください。

 ことばのポイント！

「右に3歩」「左斜め前」といった、「位置を示すことば」の理解を促すことにつながります。しっかり聞こうとすることで、集中力も養われます。

 からだのポイント！

大人の声（音）の情報だけを頼りに体を使う（コントロールする）ことで、聴覚だけでなく、固有覚（ボディイメージ）も育ちます。

57 チョキチョキチョキ

子どもたちはハサミが大好き！ 思うがままにチョキチョキしましょう。上手にできなくても、表情やことばでヘルプサインが出せれば結構です。

●はぐくむ力●
手の器用さ
目のコントロール
言語コミュニケーション

じょうずだねー

あそび方

1. いろいろな大きさや固さ、厚さの紙を用意して、切ってあそびます。
2. ハサミで切る動作ができるようになったら、紙にランダムに線を引いて、それに沿って切ってみる、ギザギザに切ってみる、というように変化を加えていきます。
3. 大人は一緒に切りながら、子どものヘルプサインを見逃さないように注意します。

 ことばのポイント！

ハサミ使いが思い通りにいかないときなどに、「助けて」をうまく表現できないときは、大人が早めに察知して、さりげなく助けてあげてください。

 からだのポイント！

ハサミをチョキチョキさせることで、線を目で追って手を動かすという複合的な動きが養われます。「できた！」という達成感が、好奇心を促します。

81

58 すべり台のぼろう!

筋力がついてきたら挑戦してほしいのが、すべり台登り。すべり台以外でも、公園などにある登れそうな遊具を登ってみましょう。

●はぐくむ力●

| 姿　勢 |
| 筋　力 |
| 運動コントロール |

がんばれーノ

※公園や地域のルールに配慮して行なってください。

あそび方

1. すべり台の下から、両側の縁を持って登ります。
2. 大人は、すべり台の上から声をかけたり、横で励ましたり。上手にできたらハイタッチやハグなど、盛大にほめてあげましょう。

 ことばのポイント!

ハイタッチは、アイコンタクトを伴う、よいコミュニケーションです。タッチによって子どもの体に感覚刺激を入れることで、相手への意識も高まります。

 からだのポイント!

ゆっくり登れば腕や脚、体幹の筋力を、素早く登れば円滑な足の運びやリズム感を鍛えることができます。登り終えたときの景色が達成感を高めます。

82

59 ケン・ケン・パ!

一緒にあそぶとき、うまくいくことばかりを追い求めないようにしましょう。上手にできないときのリアクションも、コミュニケーションのひとつです。

●はぐくむ力●
筋力
運動コントロール
リズム感

あそび方

1 地面に輪っかを置いたり、描いたりします（「ケン」のときは1つ、「パー」のときは2つ）。

2 「ケン・ケン・パー」のかけ声とともに、片足と、両脚でリズミカルに飛び跳ねて進みます。

3 片足のところで両脚をついてしまったり、うまくできなかったりしたときでも、身振りと一緒に「ざんね〜ん」などのことばを添えて、明るくリアクションして、再挑戦を促します。

 ことばのポイント!

挫折感や羞恥心で興味を失わせないことが、楽しく遊ぶコツ。できていなくても「ワ〜、上手になってる!」と、子どもの気分をノセていきましょう!

 からだのポイント!

「ケン・ケン・パー」のタイミングをわざとずらすと、聴覚・視覚と体を協調させて使う能力が向上します。うまく最後まで行けたらハイタッチ!

これはどこでしょう?

「お片づけ」を楽しいあそびにしてしまいましょう!「これ、どこだっけ?」と一つずつ手渡していき、「きれいになった!」と喜びましょう。

あそび方

1. ゴミはゴミ箱、積み木はおもちゃ箱、靴下は洋服ダンスなど、子どもが置き場所を知っているものを渡して、持っていってもらいます。
2. 「ゴミはポイ!」「積み木は箱に」など、続きのことばを足して伝えます。
3. 上手にできたら「ありがとう」、違ったら「あれれ? あっちかな?」と、否定はせずに、それとなく示してあげてください。

 ことばのポイント!

「○と△はセット」という感覚が身につきます。この「何かと何かがひとつのセットである」という理解は、ことばを覚える基盤になる大切なものです。

 からだのポイント!

片づける場所に高低差をつけたり、フタをつけたりすると動作の数が増えるので、体のコントロールを養うことにつながります。

61 かくれんぼ

「もうい〜かい？」「ま〜だだよ！」のかけ合いが
必須となるかくれんぼは、発声のよい訓練になり
ます。大きく声を張って、かけ合いましょう。

●はぐくむ力●
言語コミュニケーション
姿　勢
目のコントロール

 あそび方

1 じゃんけんでオニを決めます。オニ以外の人が隠れ、オニが捜します。

2 捜す前にオニは「もうい〜かい？」と聞き、まだの場合は「ま〜だだ
よ」、隠れられたら「も〜いいよ」と返します。じゃんけんがまだでき
ない場合は、役割を順番に決めても構いません。

ことばのポイント！

オニが捜し、それ以外が隠れるという
ルールの理解を身につけるとともに、
「もういいよ」「まだだよ」と、状況に
応じた返答ができるようになります。

からだのポイント！

大きな声を出すことで、体幹筋がよく
働きます。隠れている子どもの近くを、
大人がわざと素通りするなどで期待感
を高めると、いっそう盛り上がります。

お店やさんごっこ

「かくれんぼ」（85ページ）同様、やりとりのパターンが決まっているあそびは、「ことばの育ち」に最適。アレンジを加えて発展させましょう。

●はぐくむ力●

| 言語コミュニケーション |
| 手の器用さ |
| 記憶力 |

あそび方

1 テーブルに食べ物のミニチュアなどを「商品」として並べます。

2 お客さんと店員さんの役割分担を決めたらスタートです。

3 「いらっしゃいませ」で始めて、「ありがとうございました」で終わりますが、その間のやりとりのシーンを、大人がさまざまに工夫しましょう。

 ことばのポイント！

役割によってセリフや言い回しが変わることを自然に学びます。はじめは子どもが店員さんになったほうが、あそびに入りやすいでしょう。

 からだのポイント！

たとえばパン屋さんにして、商品をトングなどでつかむようにすると、力加減の体得につながります。さまざまな固有覚を刺激してみましょう。

63 あるものビンゴ

各家庭ならではのあそびがあると、家族がそろったときに盛り上がります。ママ・パパのアイデアと工夫の見せどころですね。

●はぐくむ力●
視覚
言語コミュニケーション
目のコントロール

あそび方

1 部屋にあるものを絵に描いた、オリジナルのビンゴカードを用意します。

2 子どもにカードを見せながら、「これ、どこにあるかな?」と声をかけて、探してもらいます。

3 ビンゴになるよう、探すアイテムを選びながら繰り返します。見つけられない様子のときは、大人が助けてあげましょう。

 ことばのポイント!

「黄色いカバン」「お姉ちゃんのリボン」など、2つ以上のことばで対象が特定できることを学びます。ルールが難しいときは、大人が手本を見せましょう。

 からだのポイント!

探すアイテムは大きいものや小さいものなど、さまざまなものを混ぜておきます。隠す場所にもひと工夫を。目をよく使うことにつながります。

87

64 シルエットクイズ

ことばを覚えるのは、ものの特徴を捉えることから始まります。シルエットにすることで、特徴だけを捉えやすくなります。

●はぐくむ力●

言語コミュニケーション

想像力

記憶力

あそび方

1 大人がレースカーテンのうしろなどに立ち、子どもの知っているもののシルエットを見せます。

2 「これ、な〜んだ?」「はい!」とやりとりをしながら、何の影かを当ててもらいます。答えるのが難しそうなら、早めにわかりやすいヒントを出します。

 ことばのポイント!

ウサギのぬいぐるみの場合、「お耳が長いね」など、特徴を伝えてあげるといいですね。固有名詞だけでなく、特徴を示す表現の学習にもつながります。

 からだのポイント!

なかなか正解が出そうにないときは、カーテンや布の上から触ってみるのも、ひとつの方法。触覚と想像力を結びつけることができるようになります。

65 サイコロすごろく

ことばを覚えるときは、文字ではなく、フレーズとリズムで覚えます。音の数や順番を知ることで、正しい発音が身につきます。

●はぐくむ力●
言語コミュニケーション
聴　覚
姿　勢

あそび方

1 キューブ（立方体）型のクッションのそれぞれの面に1〜6文字から成ることばを貼りつけます。

2 床に座布団を円形に並べます。

3 クッションをサイコロのように振り、出た面に書かれていることばの音の数だけ座布団を踏んで歩きます。

 ことばのポイント！

長音（のばす音）や撥音（ん）などは間違いやすいので、音に合わせて手拍子をするなどしてフォローします。サイコロに絵を描くのもいいですよ！

 からだのポイント！

座布団を置く間隔を広げたり、バラバラにしたりすると、脚と体幹（筋力も含む）のコントロールが円滑になるほか、ジャンプ力も向上します。

「悪いことば」も、れっきとした「ことば」

　子育て中のママやパパとお話をしていると、「うちの子、悪いことばばっかり覚えてしまって……」と苦笑なさることがよくあります。

　たしかに、愛らしいわが子から「バカ」「イヤ」「ウンチ」などと何度も言われると、さすがにゲンナリしてしまいますよね。

　でも、ちょっと考えてみましょう。

　これらの一見ネガティブに聞こえることばを、子どもたちが知らなかったとしたら？　それはそれで考えものですよね。たとえば「イヤ」「嫌い」ということば、「ヤダ」「やめて」「やりたくない」ということばだって、立派な意思表示です。「悪いことば」も子どもにとっては、れっきとした「ことば」のひとつなのです。

　子どもは身のまわりのさまざまなものを観察し、真似をしながら自分のものにしていきます。

　子どもが「勝手に」覚えてくる、親としてはちょっと苦笑いするようなことばやフレーズも、子どもの興味・関心が向いた成果だと思えば、「上手に真似できているなぁ」と、冷静に感心できるのではないでしょうか？

66 ことば集め

どんな場所でもできる便利なあそびです。電車や
バスでの移動中や診察の待ち時間など、落ち着い
ていてほしいときなどにもおすすめです。

● はぐくむ力 ●
言語コミュニケーション
学習・社会性
記憶力

あそび方

1. 「果物」「乗り物」「丸いもの」「白いもの」など、テーマをひとつ決めて、
   テーマに沿ったことばをできるだけ集めます。
2. 制限時間を決めると白熱します。子どもがことばに詰まったら、わかり
   やすいヒントを大人が出して助けましょう。

 ことばのポイント！

「頭の中の引き出し」に入っていること
ばを、テーマに合わせて選択できるよ
うになります。この「出し入れ」が、
ことばを組み立てる練習になります。

 からだのポイント！

大人がヒントを出すときに、手で形を
つくって見せると、目のコントロール
と、ものをイメージする力（ボディイ
メージにもつながる）が養われます。

67 動く玉入れ

通常の玉入れよりずっと盛り上がるあそびです。
大人の移動の仕方がコミカルであればあるほど、
楽しさが膨らみます。

はぐくむ力
固有覚
手の器用さ
目のコントロール

あそび方

1 10個程度のカラーボールと、大きめの袋を1枚用意します。

2 大人が袋を背負って移動するのを追いかけて、子どもが袋にボールを投げ入れてあそびます。子どもからの「もっとゆっくり」「止まって！」などのことばには、すぐに対応しましょう。

 ことばのポイント！

ボールを入れたいという思いが、「ストップ！」「待って〜」などのことばになります。大人が子どもの指示に応じることで、ことばが伝わったと感じます。

 からだのポイント！

目で袋を追って、タイミングよくボールを投げるという協調した動きが求められます。最初は難しくても、繰り返しているうちに上手になります。

68 ポコポコもぐらたたき

手と目の協調は、日常生活でもよく活用する動きです。さまざまな動きの協調を円滑にすることで、すべての能力が底上げされていきます。

●はぐくむ力●
固有覚
目のコントロール
運動コントロール

あそび方

1 5～6個の穴を開けた段ボール箱とぬいぐるみや人形、ハンマーのような叩くもの（玩具）を用意します。

2 もぐらたたきの要領で、大人が段ボール箱の穴からランダムにぬいぐるみや人形を出し、子どもがそれを叩いてあそびます。

 ことばのポイント！

何回叩くかをあらかじめ決めておいたり、終わったら「もう1回？」と尋ねたりして、コミュニケーションの機会をつくりましょう。

 からだのポイント！

ぬいぐるみを出すタイミングや速さをさまざまに変えることで、目でものを追う力が育まれます。難しくしすぎず、「できた！」を感じさせてあげて。

69 一緒にパズル

親子で一緒にあそぶときは、「できるまでやる」に
こだわらないように。「やって」「やめる」「イヤ」
も、れっきとしたコミュニケーションです。

ここに黄色があるよ

あそび方

1 親子で一緒にジグソーパズルに取り組みましょう。

2 大人は「ここに黄色があるよ」「その形はどこにはまるかな？」「でっぱ
りだけじゃなく、へこんでいるところは？」と「考えるヒント」を出し
ながら、一つずつピースを手渡していきます。

3 困った様子であれば、大人が代わりにはめても構いません。完成まで子
どもの興味を保つことを優先してください。

 ことばのポイント！

ヒントを出しながら、何につまずいて
いるのかを見極めます。黙って助ける
のではなく、「ママがやっていい？」
と、子どもの発信を促しましょう。

 からだのポイント！

イスに座るときにはパズルを体の正面
に置き、ピースを左右にバランスよく
並べることで、体幹筋がしっかり働き、
適切な姿勢の学習につながります。

70 箱の中身は何でしょう?

見えないものを触るドキドキ感が、子どもの気持ちを高ぶらせるあそびです。ドキドキ感が恐怖心に変わらないようにするのが楽しむコツです。

●はぐくむ力●
触 覚
ボディイメージ
固定覚

↑スポンジ

あそび方

1 段ボール箱を用意し、手先から腕までが入る程度の穴を側面に開けておきます。

2 目で見ず感触だけで、箱の中にあるものが何かを当て合います。最初は大人がやって見せて、怖くないことをわかってもらうといいでしょう。恐怖心を抱かないよう、箱には子どもの好きなものを入れてください。

 ことばのポイント!

ものの全体を触覚からイメージし、それを言語化する練習になります。日常よく見ているものを箱に入れると、新しい発見にもつながるでしょう。

 からだのポイント!

触って全体をイメージすることで、ボディイメージが育まれます。また、そっと触ることで、力加減の仕方も身につけることができます。

71 タブレットdeお絵かき

やる気はあるのに上手にできないと、すぐに気分が萎えてしまうのは、大人も子どもも同じこと。楽しい雰囲気をうまく演出してあげてください。

●はぐくむ力●
| 視覚 |
| 手の器用さ |
| 目のコントロール |

あそび方

1 タブレットなどにある描画機能とペンツールを使って、お絵かきを楽しみます。

2 子どもの描いたものに大人が描き足したり、描いたものでお話をつくったりして、どんどん世界を広げていきましょう。描いた絵を題材に、楽しいおしゃべりができるといいですね！

 ことばのポイント！

子どもが何かを描いたら、「いいねぇ」「おもしろい！」と、大人が興味を抱いていることを伝える声かけやリアクションを心がけましょう。

 からだのポイント！

タブレットなどは筆圧が弱くても滑るように描けるのでおすすめです。ボタンひとつでリセットできるので、何回失敗しても失敗感が残りません。

72 親子で虫さがし

昆虫を探しに、外へ出かけましょう。素早く動く虫を追いかけるのは大変ですが、親子で同じ目的に取り組めば、楽しい時間が過ごせます。

視 覚
目のコントロール
運動コントロール

あそび方

1 屋外で昆虫を探します。アリのように列を成して歩くものもいれば、バッタのようにピョンピョンと跳ぶものもいます。チョウのようにヒラヒラと舞う昆虫もいますよね。

2 子どもが幼いうちは、折り紙でつくった昆虫を家の中にいくつか置いておき、それを一緒に見つけるあそびも楽しいですよ。

 ことばのポイント！

子どもの「あっ！」を聞き逃さないようにしましょう。「どこ、どこ？」と同じ目的に向かってことばを発信し合うことがコミュニケーションの基本です。

 からだのポイント！

高低差があるところや未舗装のところを動き回ることで、運動能力が格段に向上します。実は未舗装のところのほうが、体にはやさしいのです。

73 のりノリ！

「糊はちょっと……」と敬遠しがちなママ・パパもいらっしゃるでしょうが、思い切って一緒にあそんでみましょう。絶対に盛り上がりますよ！

● はぐくむ力 ●
| 手の器用さ |
| 視　覚 |
| 目のコントロール |

あそび方

1 糊と折り紙、台紙にする紙を用意します。

2 さまざまな形に切った折り紙に糊をつけて、台紙に貼りつけましょう。自由に貼りつけるほか、切った折り紙の形の枠を台紙に書き、それに合わせて貼るなど、工夫してみましょう。

3 どこに糊をつけるのか、どのくらいつけるのかといったことを子どもに伝えるとき、「端っこまでしっかり」「たっぷり」「ゆっくり」「やさしく」などの抽象的な表現を多めに使ってみましょう。

 ことばのポイント！

ことばは音で覚えるのではなく、動作とセットで覚えるとイメージしやすくなります。特に抽象語は、実際に感じてみることが理解への近道です。

 からだのポイント！

糊を塗る動作以外にも、キャップのつけ外しや台紙への押しつけ具合など、手先を使ったさまざまな動作が満載の楽しいあそびです。

74 だるまさんがころんだ

できれば、たくさんの人数で一緒に取り組みたいあそびです。ルールにあまり厳格になりすぎず、子どもたちが楽しめる雰囲気であそびます。

● はぐくむ力 ●
姿 勢
聴 覚
運動コントロール

あそび方

1 オニを1人決めます。オニが目隠しをして「だるまさんがころんだ」と言う間に、オニ以外の人は動きます。

2 「だるまさんがころんだ」と言い終わるや否や、オニは振り返ります。そのときに、動きが止められずに体が動いてしまった人がアウト！（一般的には、オニにタッチして逃げたあとの展開などが続きますが、あそびの内容は自由にアレンジしてください）。

 ことばのポイント！

同じフレーズが何度も繰り返されることで、覚えやすく、真似をしやすくなります。上手になったら、言う早さやリズムにアレンジを加えましょう。

 からだのポイント！

ランダムな間隔の中で、素早く動いたり静止したりを繰り返すことで、体幹や手足（腕や脚）のコントロール力、瞬発力などが身につきます。

75 サイコロあそび

たくさんの人数だと、さらに盛り上がるあそびです。勝敗にこだわりすぎず、大人が楽しい雰囲気を保つように工夫しましょう。

●はぐくむ力●
視　覚
目のコントロール
数の概念

あそび方

1 順番にサイコロを振って、出た目がいちばん大きかった人が勝ち！

2 チーム戦にしてみたり、振る回数を増やしてみたりと、みんなでアイデアを出し合って、ルールをアレンジしても楽しいですね。

 ことばのポイント！

1回ごとではなく、何回かの合計で勝敗を決めるようにすると、より期待感を持って取り組みやすくなります。数の概念の理解にもつながります。

 からだのポイント！

サイコロを振る枠をつくり、枠の中に大きく振ったり小さく振ったりして、力加減を調節してみましょう。サイコロを目で追う「追視」も養えます。

76 指令スイッチ

自分が発したことばの通りに状況が変化する経験が、「発信する意欲」につながります。ちょっと困った指令でも、楽しく応答してあげましょう。

あそび方

1 両手のひらに載るサイズの箱を用意し、4〜5つのスイッチボタン（のようなもの）をつけます。

2 赤は「走る」、青は「コチョコチョ」、黄色は「おうまさん」というように、それぞれのボタンに指令を当てはめます。

3 子どもに好きなボタンを押してもらって、大人はその指令に従います。

 ことばのポイント！

指令は子ども主導で。指令の一つひとつに大げさにリアクションすると、スイッチを押す行動に伴って、発声（ことば）も生じるようになります。

 からだのポイント！

指先の器用さ、手と目の協調が向上します。工作が得意ならスイッチ自体をつくることから取り組み、世界にひとつだけのスイッチをつくりましょう。

77 聞きわけカード

5歳くらいになると、たくさんのことばが頭の中に入っています。それを上手に引き出してくる力を、あそびで育みましょう。

●はぐくむ力●
言語コミュニケーション
視覚
想像力

あそび方

1 「あり」と「あか」、「うち」と「うみ」など、最初の音が同じ2文字の単語を書いたカードを、紙などで用意します（絵でも結構です）。

2 ひとつの組み（「あり」と「あか」など）を子どもの目の前に置き、「あ、あ、あ……、あか！」と、どちらかの単語を読み上げます。

3 子どもが正しく選べたらグッド！ 間違えても、もちろんノープロブレムです。大人が正解をさりげなく教えていきましょう。

 ことばのポイント！

「あ、あ、あ……」の間、子どもは頭の中で「あか」と「あり」を思い浮かべて待っています。このイメージ力が、「音韻認識」の基礎をつくります。

 からだのポイント！

カルタのようにカードを選ぶので、手と目の協調や反射神経が養われます。音に集中することで、聴覚と集中力も育むことができます。

同じ数をみつけよう!

おなじみのトランプあそび「神経衰弱」です。子どもが好きなキャラクターのトランプを用意すると興味を引きやすく、モチベーションも高まります。

●はぐくむ力●
視 覚
手の器用さ
記憶力

あそび方

1. トランプを裏返してバラバラに並べ、順番に2枚ずつめくります。
2. めくった2枚が同じ数字であれば、手元にもらえます。
3. すべてのカードがなくなったらゲーム終了。いちばんたくさんカードを取れた人が勝ち。

 ことばのポイント!

はじめのうちは、子どもが勝てるよう大人がわざと間違えたり、ヒントを出したりしながらサポート。慣れれば、大人顔負けの記憶力を発揮します。

 からだのポイント!

イスに座って行なえば、体幹筋がしっかり働き、適切な姿勢の学習につながります。トランプ全部がなくなるまで続ければ、集中力も養われます。

79 かんたんシュート！

大人がカッコよくシュートを決めて見せましょう。
「ボクも（ワタシも）やりたい！」という意欲が湧
いてきます。

●はぐくむ力●
固有覚
目のコントロール
運動コントロール

あそび方

1 適当な大きさの箱と、ボールを用意します。

2 少し離れた場所から、箱を狙って「シュート！」と言いながら、ボール
を投げ入れます。

3 最初は簡単なところや距離から始め、徐々に高さを加えたり、箱を小さ
くしたりして、難易度を上げていきます。

 ことばのポイント！

「シュート！」というかけ声と動作を協
調させる練習です。「もっと上」「斜め
右」など、どこを狙うかという、位置を
表すことばを覚える機会にもなります。

 からだのポイント！

筋力の向上やタイミングを計る力など
が身につきます。離れたところにもの
を投げ入れることで、目のコントロー
ル（距離の推測）も育まれます。

80 片足輪なげ

「かんたんシュート！」（104ページ）の発展形です。片足で輪投げに挑戦しましょう。大人でも案外難しいものですよ。

●はぐくむ力●

| 固有覚 |
| 目のコントロール |
| 運動コントロール |

あそび方

1. 片足立ちで輪投げをします。
2. 距離を変える、輪の大きさを変えるなどで、難易度を上げることができます。失敗が続くと子どもは興味とモチベーションを失うので、難しすぎるレベル設定は控えましょう。

 ことばのポイント！

「入った！」「あ〜、失敗！」だけでなく、「おしい！」「もうちょっと！」など、「程度を表すさまざまな表現」をことばかけに盛り込みましょう。

 からだのポイント！

片足立ちをするときは、どちらか一方だけでなく、交互に取り組むと体幹や下肢（脚）の筋力が鍛えられます。熱中しすぎて転倒しないよう注意。

105

81 まちがい探し

想像力は3歳くらいから飛躍的に伸びると言われています。イメージと一緒にことばを増やしていきましょう。

あそび方

1 大人が2回、子どもの前に登場します。

2 1回目と2回目で、帽子をかぶっているかいないか、服の色が違うなど、何らかの変化をつけておき、それを子どもに当ててもらいましょう。どこがどう違うのかの説明もしてもらいます。

3 慣れてきたら、子どもに出題してもらっても楽しめます。

 ことばのポイント！

何が違うかを自分でことばを組み立てて説明する力を育みます。1回目のときに「10、9、8……」とカウントダウンすると、数の概念も身につきます。

 からだのポイント！

見たものを覚えておく記憶力や、集中力を育みます。細かな点も注意深く観察することで、目をコントロールする力や視覚も刺激されます。

82 からだでまねっこ できるかな?

このあそびの成否は、大人がどこまでノリノリで楽しめるかにかかっています。童心に返って、思いっきり体を動かしましょう!

●はぐくむ力●
ボディイメージ
筋力
まねぶ

あってるかな〜

あれ?

えっと...

あそび方

1 大人が、おもしろおかしい変なポーズをして、子どもに見せます。

2 子どもはそれを真似します。

3 うまくできたらグッド! そうでなくてもノープロブレム!

 ことばのポイント!

体以外に、顔のパーツも動かしましょう。口や舌の動きを真似するのは難しいものですが、適切な発音につながりますので挑戦してみてください。

 からだのポイント!

出題する大人は、できるだけ複雑なポーズを取ります。もちろん、うまくできなくても大丈夫です。一緒に笑うことが、親子の楽しい時間になります。

83 赤白ゲーム

お友だち家族や親類縁者との集まりのときに、チーム戦で楽しみましょう。部屋いっぱいにカードを広げると、比較的長い時間取り組めます。

あそび方

1 段ボールを丸く切り抜き、片面に赤色、もう片面に白色を塗ります（20枚程度）。

2 段ボールを部屋のあちこちにバラバラに配置します。

3 赤チームと白チームに分かれ、制限時間を設けて、自分のチームの色になるよう、段ボールをめくっていきます。制限時間が終了したら、枚数をみんなで数えて、多いほうの色のチームが勝ち！

 ことばのポイント！

ルールの説明が難しいときは、自分の動作を実況中継するように大人が解説すると、理解の助けになります。大人だけが盛り上がらないように注意。

 からだのポイント！

カードを小さくすると難易度が上がります。広範囲に置くと、立ったり座ったりする回数が増えるので、手足（腕や脚）のトレーニングになります。

しっぽとり

理学療法士がおすすめするあそびのひとつ。子どもの心身の発達にとって、よい要素がたくさん詰まっている、すばらしいあそびです。

●はぐくむ力●
運動コントロール
筋　力
目のコントロール

あそび方

■ 30cm程度のリボンやロープなどで「しっぽ」をつくり、参加者全員のズボンやスカートのウエスト部分にそれぞれ挟みます。

■ 「せーの」で散らばって、お互いの「しっぽ」を取ろうと追いかけます。しっぽを取られたら負けで、最後まで残った一人が勝ちです。

 ことばのポイント！

追いかけるときは「待てまて〜」、しっぽを取ったら「アウト！」など、フレーズを決め、それを繰り返し聞いていると、ことばとして出やすくなります。

 からだのポイント！

逃げるときは、縦横無尽に逃げましょう。目を素早く動かしながらしっぽをつかもうとすることで、手と目の協調が機敏かつ円滑になります。

85 レッツ クッキング！

お料理するママ・パパの手元に興味を示す子ども
は多いもの。ホットケーキやおにぎりといった、
工程の少ない料理に挑戦してみましょう。

●はぐくむ力●
視 覚
手の器用さ
言語コミュニケーション

あそび方

1 子どもが好きなメニューの中で、工程の少ないものを選びます。

2 一緒に料理に取り組みます。混ぜるときは「ぐるぐる、ぐるぐる」、こね
るときは「こねこね〜」、にぎるときは「にぎにぎっ」など、擬態語や擬
音語をたくさん使って手順を解説すると、真似しやすくなります。

 ことばのポイント！

擬態語や擬音語、リズミカルなフレー
ズは真似しやすいものです。言い間違
いがあってもいちいち正さず、大人の
発音を自然に聞かせてあげましょう。

 からだのポイント！

手と目の協調、手の器用さなどが育ま
れます。台に上るなどで高い視点を怖
がるようであれば、ちゃぶ台などの低
いテーブルで行なってください。

110

86 グルグルな〜んだ？

眼球運動が調整できるようになると、注意力が向上します。この力は学習面に影響を与えます。小さなことから少しずつ取り入れましょう。

● はぐくむ力 ●

| 前庭覚 |
| 目のコントロール |
| 姿 勢 |

あそび方

1 画用紙などに絵や文字、数字などを大きく描き、大人が持ったり壁に貼ったり、テーブルの上に立てかけたりします。

2 子どもに回転イスに座ってもらい、ゆっくりと回しながら、画用紙に描かれているものを当ててもらいます。

⚠ 回転する動きが苦手な子にはやめておきましょう。回しすぎにも注意。

 ことばのポイント！

「スタート」と「ストップ」は子どものタイミングで。自分の発信で状況を変えられると理解できると要求行動が増え、ことばの使用頻度も増加します。

 からだのポイント！

回転イスの上で姿勢を保とうとすることが、体幹を刺激します。また、動きながら目を動かすことで、目のコントロール力が向上します。

87 たたいてかぶって じゃんけんぽん！

瞬発力や判断力を、あそびの中で育みます。じゃんけんの結果と協調して体を動かすので、情報の整理と動作の協調が円滑になります。

●はぐくむ力●

聴　覚
判断力
瞬発力

あそび方

1 対戦者同士が向かい合わせになって座ります。二人の間に、帽子と柔らかい棒状のものを置いておきます。

2 じゃんけんをして、勝ったほうが棒を取って相手の頭を叩きます。負けたほうは帽子をかぶって攻撃を防ぎます。帽子をかぶる前に相手の頭を叩けたら、その人が勝ちです。

 ことばのポイント！

じゃんけんのとき、少し「タメ」をつくってテンポを変えると、タイミングを計る練習になります。ルールが難しければ、大人が手本を見せましょう。

 からだのポイント！

視覚、聴覚と体の協調が図れます。子どもの判断が遅れて負け続けないよう、「あ、負けた！」とじゃんけんの勝敗の判断を補助してあげてください。

112

88 旗あげゲーム

「たたいてかぶってじゃんけんぽん！」（112ページ）の発展形。不安定な場所で行なうことで上半身の筋力がアップ！ 転倒には充分注意してください。

●はぐくむ力●
聴覚
判断力
瞬発力

赤上げて〜
白下げて〜

ぐら
ぐら

あそび方

1. 紅白の旗と、座布団を3〜4枚用意します。

2. 重ねた座布団に子どもが正座し、大人の「赤上げて」「白下げて」「赤上げないで、白上げる」など、リズミカルな指示に合わせて、子どもは旗を上げ下げします。

3. 動きがゴチャゴチャになってしまったり、座布団からずり落ちてしまったりしたら終了。もう一度挑戦するか、交代するか、相談してください。

 ことばのポイント！

「赤、上げ……ない！」など、先を予想させる時間を、ときどき挿入します。興味とモチベーションが失われないよう、多少間違えてもスルーして。

 からだのポイント！

手を上げるときはバンザイの位置まで高く上げて。座布団の上でバランスを保つことで、座位（座る姿勢）のバランス力を向上させることができます。

ねらって打ち抜け！

大人も思わず真剣になる「ストラックアウト」です。繰り返して取り組むことで、注視する力や力加減などを身につけることができます。

● はぐくむ力 ●
固有覚
目のコントロール
運動コントロール

あそび方

1 できるだけ大きな紙に、3マス×3マスの的を用意し、9つのマスに数字や絵を描きます。

2 「1」「ネコ」など、ボールを当てたいマスの数字や絵を宣言し、それに向けてボールを投げます。

3 宣言通りに当てられたら大成功！（当たったら3点、外れたら1点、大きく外れたら0点など、加点方法はアレンジしてください）。

 ことばのポイント！

投げる前の「3番、いきまーす！」「キリンに当てるよ」と宣言する機会が、発語を促すよいきっかけになると同時に、場も盛り上がります。

 からだのポイント！

的をしっかりと目で見ながら（注視）、それに向かって正確に投げるのは、子どもには難しいことなので、大きめのボールで行なうとよいでしょう。

90 しりとり 次なぁに?

おなじみのことばあそびです。知っていることば
が増えると楽しくなるので、大きくなるにつれ、
子どものほうからせがまれることも多いのでは?!

なす スカート さかな とんぼ!

あそび方

1 相手の言ったことばの語尾の一音が先頭に来ることばを探して、つなげ
ていきます。

2 ことばが見つけられない、同じことばをまた言ってしまった、うっかり
語尾が「ん」で終わることばを言ってしまった、のいずれかで負け。

 ことばのポイント!

語尾の正確な抽出が難しいようであれ
ば、「あめの、め」と大人がサポートし
てあげて。ことばに詰まったときも、
わかりやすいヒントを示してください。

 からだのポイント!

イスに座るだけでなく、「トレーニング
ボールに座ってはねながら」「階段を下
りながら」などすれば、「2つのことを
同時に処理する力」が養われます。

91

文字ならべ

小学校入学の頃には、文字に興味を示しはじめる子も多くなってきます。カードにすると、まだ字が書けなくてもできるので、おすすめです。

●はぐくむ力●

言語コミュニケーション

記憶力

語彙力

あそび方

1 1文字ずつひらがなを書いたカードを、50音分用意します。

2 カードの文字を組み合わせて、単語をつくってあそびます。単語は、目についたものから考えるといいですね。親子で競い合っても楽しいものです。

 ことばのポイント！

ことばを探すとき、「3つの音でつくろう」というように音数を意識させると、「音韻認識」が高まり、適切な発音の土台ができます。

 からだのポイント！

イスに座るときにはカードを左右にバランスよく並べることで、体幹筋がしっかり働き、適切な姿勢の学習につながります。

116 音韻認識：「ことばがいくつの音でできているか」「始めの音は何か」など、言語の音韻の単位を理解する能力。

ジェスチャーゲーム

ことばを使わずに意思疎通を図ることで、コミュニケーションの意欲を高めることができます。「伝えたい」という気持ちをどんどん育みましょう。

● はぐくむ力 ●
言語コミュニケーション
想像力
まねぶ

答え：キリン

あそび方

1 大人と子どもが交互に、ものや動物、スポーツや動作などを、ことばを使わずにジェスチャーで表現し、それを当て合ってあそびます。

2 最初は大人が簡単な出題をして、子どもの興味を引きましょう。子どもが出題する番では、すぐにわかったとしても、オーバー気味に悩んで見せると、子どもは喜んで盛り上がります。

 ことばのポイント！

ことばが使えないぶん、頭の中ではさまざまなことばが飛び交います。表情も豊かに、体全体を使ってコミュニケーションを図る楽しさを共有しましょう。

 からだのポイント！

普段見ている動作を思い出して再現するのでボディイメージが養われます。ママ・パパのクセなども、上手に捉えているかもしれませんよ。

93 同じじゃないの どーれだ？

「同じ」という概念は、何を基準にするかで変化するため、難しいものです。迷いが生じすぎないように、カードを用意するのが楽しむコツです。

●はぐくむ力●
言語コミュニケーション
思考力
集中力

あそび方

1 動物や食べ物、乗り物など、さまざまな絵が書いてあるカードを用意します（市販のものでも構いません）。

2 カードの中から何枚かを選び、その中に、明らかにジャンルの異なるものを1枚混ぜて、子どもの前に並べます。

3 「同じじゃないの、どーれだ？」というかけ声で、ジャンル違いのものを探します。

 ことばのポイント！

始める前に「どれとどれが同じか」をゆっくり確認してから、ゲームに取り組みます。**3** で答えるときには、その理由も聞いて言語化を促しましょう。

 からだのポイント！

カードを並べるときは机（テーブル）の上に広く置くようにすると、目をしっかり使って探す（見る）ため、目のコントロール力が上達します。

94 お人形あそび

「おままごと」(67ページ) の発展形です。人形を使うことで、家族以外のキャラクターを登場させることができ、内容がさらに充実します。

●はぐくむ力●
言語コミュニケーション
手の器用さ
想像力

あそび方

1. 人形を使って「ごっこあそび」を楽しみます。
2. 大人は一緒になってあそんでも構いませんし、子どもが一人の世界を楽しんでいるようであれば、見守っていても構いません。なりきってあそぶことには、リラックス効果があるとも言われています。

 ことばのポイント!

誰かになりきって会話をすることで、セリフを考える力が育まれます。「推しキャラの決めゼリフ」なら、スラスラとことばが出やすいという効果も。

 からだのポイント!

ボタンを留めることを含め、人形の着せ替えは、指先の器用さの向上、手と目の協調の向上などの効果が期待できます。

119

95 何が言いたいのか わかる？

「目は口ほどにものを言う」と言いますが、それは真実です。視線や目の表情だけでも、さまざまなことが伝えられるものです。

● **はぐくむ力** ●

言語コミュニケーション

| 想像力 |
| 集中力 |

あそび方

1 子どもと向かい合わせに座り、間にものや絵が描いてあるカードを何枚か並べます。

2 視線や表情、指差しなどだけで、「これがほしい」「それが好き」「あれは嫌い」といった気持ちを表して、「これがほしいの？」「好きなの？」と、子どもに当ててもらいます。

 ことばのポイント！

視線や仕草で、その奥にある感情を想像するといった、ことば以外の情報を適切に感受することは、コミュニケーションの大切な要素のひとつです。

 からだのポイント！

カードを並べるときは机（テーブル）の上に広く置くようにすると、目をしっかり使って探す（見る）ため、目のコントロール力が上達します。

96 先生ごっこ

小学校や幼稚園・保育所の先生になりきってあそびましょう。普段は見られない様子がわかって、大人も楽しめます。

あそび方

1 子どもが先生役になり、大人が生徒役になります。

2 大人（生徒）は子ども（先生）の指示通りに動くのが基本ルールですが、時には言うことを聞かなかったり、別のことを行なったりと、おもしろおかしくアレンジを加えてください。できるだけ実際のシーンを再現することも、盛り上がるためのポイントです。

 ことばのポイント！

自分が口にしたことばがきちんと聞き入れてもらえているという実感を経験できるあそびです。コミュニケーション意欲の土台づくりに役立ちます。

 からだのポイント！

先生役の子どもに、大人が真似できないような難しいポーズをしてもらえば、体全体を使うよい機会となり、体幹や腕、脚の筋力向上につながります。

121

説明しよう！

スマートフォンやタブレットなどで写真を撮る機会が増えました。それらの写真を子どもと一緒に見ながら、会話を楽しみましょう。

● はぐくむ力 ●
言語コミュニケーション
| 想像力 |
| 記憶力 |

これどこだっけ？

動物園だよ！

うんうん

あそび方

1 スマートフォンやタブレットで撮った写真を一緒に見ながら、「これはどこだったかな？」などと声をかけ、子どもに解説してもらいましょう。

2 きっかけ以外、大人は聞き役に徹し、子どもの話に興味を抱いて聞きます。説明がよくわからなくても、「うんうん、それで？」と子どもの話そうとする意欲を挫かないようにしましょう。

 ことばのポイント！

写真がよいきっかけとなり、ことばが出やすくなります。大切なのは、「自分の話を聞いてもらえた！」という体験を、たくさんさせてあげることです。

 からだのポイント！

スマートフォンやタブレットを子どもの正面に置く（位置する）ことで、「からだの中心」を学び、「左右対称」を理解することにつながります。

98

背中に描いて これな〜んだ？

背中や後方など、自分の目では見えない部分がどうなっているのかをイメージする力が大切です。日常生活の中に、少しずつ取り入れてください。

●はぐくむ力●
| 固有覚 |
| ボディイメージ |
| 想像力 |

あそび方

1 子どもの背中に大人が文字や絵を描きます。

2 その感触を手がかりに、何を描いたのかを子どもに当ててもらいます。

 ことばのポイント！

背中の感覚に集中することで、話を聞く際の「聞く耳」の土台ができます。ゆるく描くとくすぐったいので、ある程度の圧をかけて描きましょう。

 からだのポイント！

背中の真ん中だけでなく、上下左右の端のほうにも描きます。指先の角度や圧のかけ方を変えることで、さまざまな触覚や圧覚を感じることができます。

99 ビーチサンダル 飛んでけー！

軽いので飛ばしやすいビーチサンダルを、足の力だけでできるだけ遠くに飛ばします。足をどう動かせば飛ぶのか、試行錯誤が必要です。

●はぐくむ力●
| 固有覚 |
| 筋力 |
| 運動コントロール |

※転倒などに注意してください。

あそび方

1. 片足に履いたビーチサンダルを、「そ〜れっ！」のかけ声とともに、できるだけ遠くに飛ばして飛距離を競いましょう。
2. 上手になってきたら、少し高いところに登って飛ばすと、さらによく飛んで盛り上がります。

 ことばのポイント！

気持ちを整えること＋飛ばす動作＋発声といった「マルチタスク」の土台をつくります。遠くまで飛ばせる人の動作をよく観察するのもいいですね。

 からだのポイント！

足の指先にしっかりと力を入れることで立位（立つ姿勢）のバランスが向上したり、転びにくくなったりする効果が期待できます。

グルグル毛糸まき

くるくると巻く動作は比較的簡単なので、器用ではない子でも抵抗なく取り組めます。巻き終わりが見えるので、達成感も感じやすいあそびです。

●はぐくむ力●
手の器用さ
運動コントロール
集中力

がんばって〜

くるくる

あそび方

1 トイレットペーパーやラップフィルムの芯と、ある程度の長さの毛糸を用意します。

2 大人が片方の毛糸の先を持って立ちます。「よーい、スタート！」の合図で、子どもは「くるくる、くるくる〜」と声を出しながら、もう片方の毛糸の先を芯に巻きつけながら、大人に近づいていきます。

3 慣れてきたら、巻きつける芯を別のものに変えたり、大人が2本の毛糸を持ってきょうだいで競争したりして、変化をつけてみましょう。

 ことばのポイント！

「くるくる〜」という擬態語をできるだけ早く言うことで、気分が高揚するとともに、ことばと動作が一致します。巻きはじめは手伝ってあげましょう。

 からだのポイント！

大人に近づく道筋にクッションを置いて障害物にしたり、片足でケンケンしながら近づいたりすると、バランス感覚や下肢・体幹の筋力が鍛えられます。

"いい加減" あそびのススメ

　本書では、100のあそびを紹介しています。

　この本を手に取ってくださっているみなさんは、特にお子さんの「ことば」の発達をサポートしようと、懸命に取り組まれているに違いありません。

　そんなみなさんに「肩透かし」のようなことを言うようですが、「あそび」は「あそび」です。どうか生真面目になりすぎず、気楽に取り組んでみてください。

　あそびは「いい加減」（ほどよい加減）でいいのです。

　私たちが紹介した通りの手順を踏む必要はありませんし、お子さんが興味を抱かなかったり、すぐに飽きてしまったりしても、それはそれでいいのです。

　大事にしていただきたいことは、2つです。

　ひとつは、子どもが「楽しい」と思うことだけをしてあげてください。

　もうひとつは、ママ・パパも一緒に楽しんでください。

　それさえできていれば、子どもたちの脳はどんどんと活性化し、「ことば」はもちろん、「からだ」も「こころ」もぐんぐんと伸びていくことでしょう。

おわりに

最後まで読んでくださって、ありがとうございました。
すでにいくつかのあそびに、取り組んでくださったでしょうか？
お子さんはそのあそびを、気に入ってくれたでしょうか？

　あそびよりも勉強のほうが大事だと思われがちですが、あそびには、勉強をはるかにしのぐ大切な要素が、ぎっしりと詰まっています。だからこそ、子ども時代は「あそびの中で学ぶ」を実践することが大切です。子どもはあそびを通してことばを学び、からだを育て、人生の基礎づくりを行なっていきます。
　親は、子どもにさまざまなことを教えていこうとしますが、決して「無理」をする必要はありません。それって、ママ・パパもしんどいことですよね。あそびの中でわが子を観察し、子どもより少し広い視野を持って、興味がありそうなこと、手助けになりそうなことを、さりげなく差し出してあげる——それで充分なのです。
　子どもが楽しんで取り組む前に、「ママ・パパが楽しむこと」、そして「楽しんでいる姿をお子さんに見せてあげること」がいちばん大切だと、私たちは考えています。なぜなら、ママ・パパの楽しそうな姿は、お子さんにとって、何よりの安心とエネルギーになるからです。

　お子さんを、大きな愛で包んであげてください。お子さんにとって家庭を「安心できる場所」「こころの安全基地」にして、楽しい時間を家族全員で過ごしましょう。そして、「今」という瞬間を大切にして、子育てをぜひ楽しんでください。
　本書がその一助になれば、望外の喜びです。

西村千織・西村 猛

【著者紹介】

西村千織 （にしむら・ちおり）

ことばの発達と発達障害が専門の言語聴覚士。
病院勤務ののち、公的療育機関に17年勤務し、ことばの遅れがある幼児や発達障害のあるお子さんに対して、のべ数万回の言語聴覚療法を実践。
2020年より理学療法士・西村猛が運営する発達障害のあるお子さんのための支援事業所「発達支援ゆず」所属。
子どものことばの発達にお悩みを持つ保護者の方向けのオンライン相談事業も実践。
YouTubeチャンネル「こども発達LABO.」では、ことばとからだの発達や発達障害に関する情報を、西村猛と2人で発信中。

西村 猛 （にしむら・たけし）

子どもの運動発達と発達障害が専門の理学療法士。
公的療育機関等に20数年勤務したのち、2017年に独立起業。
現在は、会社代表として「発達支援ゆず」の3事業所を運営するかたわら、全国の保育園・幼稚園・こども園などで、子どもの運動発達や発達障害に関する研修会講師として活動中。
運動発達の専門家としてメディア出演等多数。
著書に『寝る前10秒 子どもの姿勢ピン！ポーズ』（主婦の友社）がある。

YouTubeチャンネル「こども発達LABO.」

装幀・本文組版◎朝田春未
装画・本文イラスト◎野田節美
編集協力◎清塚あきこ

0～6歳 言語聴覚士が考案
「ことばが遅い子・心配な子」から「ことば」を引き出す親子あそび

2022年10月13日　第1版第1刷発行

著　者	西村千織　西村猛
発行者	村上雅基
発行所	株式会社PHP研究所

京都本部　〒601-8411　京都市南区西九条北ノ内町11
〔内容のお問い合わせは〕教育出版部 ☎ 075-681-8732
〔購入のお問い合わせは〕普及グループ ☎ 075-681-8818
印刷所　図書印刷株式会社